店長が必ずぶつかる「50の問題」を解決する本

DIC幹部育成コンサルティング株式会社
Koichi Torigoe 鳥越恒一

PHP研究所

はじめに

本書は、タイトルのとおり、店長のあらゆる悩み・問題に答えるために書いた本です。業種は問いません。店長の年齢も問いません。大手チェーンの店長か、個店の店長かも問いません。立地もスタッフ数も問いません。あらゆる店長がぶつかる壁は、共通しているからです。

なぜ、そう言いきれるのか。

それは私が、おそらく「日本一たくさんの店長の相談に乗ってきたコンサルタント」だからです。これまでに1週間で60人超、年間で4000人のペースで、延べ5万人もの店長から相談をいただき、その一つひとつに回答してきました。

店長の中には、24時間体制でトラブルが起きうる環境にいる人も少なくありません。だから私も、24時間体制で店長からの相談を受け付けてきました。最近では面談や電話以外にも、メールやLINE（ライン）で相談されるケースも多くなりました。深刻な内容ならすぐに会いに行くこともしますし、「こんなのは相談じゃない」と思えば、「それは愚痴です。相談ではありません」と厳しい回答もします。本書では、そのやりとりを再現するようなかたちで、「店長」という役割に共通の悩みに答えていきます。

ですから、非常に厳しい表現をしているところもありますが、甘いことやいい加減さを抜きにした、本音の回答だと捉えていただければ幸いです。

なぜ私が、ここまで店長のサポートに情熱を注ぐのか。それはかつて私自身が、店長として苦い失敗をした経験があるからです。私は自分のやる気とストイックさをスタッフに押しつけ、鬼のような指導や叱責をしていました。自分でスタッフを解雇にもしましたし、私が解雇しなくとも辞めていく人も後を絶ちませんでした。

そして、いくら頑張っても空回りして何1つうまくいかない、それどころか状況は悪くなる一方という現実を突きつけられ、やっと変わることができたのでした。結果として私にとって、店長としての変化は、人生そのものを変える機会になりました。

その原体験があるからこそ、店長という仕事について並々ならぬ思い入れがあります。店長は、そのお店のすべてと言っても過言ではありません。店は店長で決まりますし、店の業績で企業の業績が決まります。店長の役割は、ともすると店長自身が思っている以上に重要なのです。

だからこそ私は、その人の特性を見て「店長に向いていない」と思えば、本人にはっきりそう言います。そのほうが、本人にとっても、店にとっても幸せだからです。

しかし、やる気さえあって、かつ本書にまとめたようなコツさえつかみ、それを実践できれば、多くの人は店長という仕事を通して大きく成長することができるというのが私の実感です。店長とは、もちろん大変な仕事ですが、多くの人たちと関わり、多くの課題を投げかけてくれ、大きな資産を扱わせてくれるとても貴重な仕事です。

本書を読んで、明日から店長の任に就くという方も、店長10年目にして今1度奮起したいという方も、皆さんが1つでも役に立つことをつかんでいただければ、そして、店長という仕事について少しでも面白みを感じ、やってやろうという気を高めていただけたら、これ以上嬉しいことはありません。

２０１５年12月吉日

ＤＩＣ幹部育成コンサルティング株式会社　取締役社長　鳥越　恒一

編集協力／有限会社アトミック（鮫島敦・沖津彩乃）
装丁／齋藤稔（株式会社ジーラム）

店長が必ずぶつかる「50の問題」を解決する本【目次】

第2章　店長の壁・その2▼人材育成の壁

第3章 店長の壁・その3 ▼ 採用・人事の壁

第4章 店長の壁・その4▼売上・利益・顧客満足の壁

凄腕店長の転機③ 須々木《すすき》由貴《ゆたか》さん（株式会社ＳＹＮＥＲＧＹ ＪＡＰＡＮ ぷらす整骨院守口本院 院長・鍼灸師） 200
自分の考えを押しつけると、人は離れていく。

凄腕店長の転機④ 福井真希子さん（株式会社ミサワ ｕｎｉｃｏ事業部 ショップセクション チーフＳＶ） 202
コミュニケーションが、人も店舗も成長させる。

凄腕店長の転機⑤ 山崎明希子さん（井筒まい泉株式会社 食品事業本部 とんかつまい泉・エキュート上野 店長） 204
「自分たちが商品だ」という意識を共有する。

序章

店長になる前の壁

まず、何から始めるべきか

悩み1　いきなり、「来週から店長になれ」って言われました……。

答え
チャンスです！
「はい！」と喜んで引き受けましょう。

◎「店長辞令」は突然に……

今現在スタッフとして店舗で働いている方にとっては驚くことかもしれませんが、ある日突然、「来週から○○店の店長になってください」と上司から言われることは、業界にかかわらず珍しいことではありません。急に店長を辞める人も多いですし、正しい手続きを踏んで計画的に辞める人だとしても、有給消化などを含めると1カ月～1週間前に辞令が出ることになるからです。そうなると、「急に辞令が来た！」と感じることでしょう。

会社の制度にもよりますが、副店長や店長候補といったキャリアパスに入っている場合は、「そのうち店長になるかもしれない」という心づもりができますが、そうした制度がない会社もありますので、そうなると本当に突然です。あるいは、副店長になったと思ったらすぐに店長へ昇格と言われ面食らう、という場合もあります。

そういうわけで、心の準備もできていない状態で店長になることが決まるため、多くの人は何から手をつけていいのかわからず、非常に戸惑います。1度ペンディングにしてもらったり、断る人もいますが、チャンスは何度も訪れるとは限りません。せっかくのチャンスですから喜んで受ける、というのが基本です。

このとき、悩んだり、ごねたりすると印象が悪くなるだけでなく、自分の気持ちも切り替えられません。それなら、最初から喜んで引き受けることです。できるかどうかの不安はとりあえず脇に置き、「やります！」と前向きに答え、気持ちを切り替えましょう。

◎店長はプレイヤーではない

店長辞令を受けたら、頭の切り替えも必要です。店長になる人は、現場での実績が認められた人なので、プレイヤーとしての手腕は認められています。ただ、店長というマネジャーの立場になったときに、うまく店舗運営ができるかどうかはわかりません。

急に店長になると、それまでと同じようにプレイヤーとして仕事をしてしまう人がいます。それしか経験がないのですから、当然といえば当然です。しかし、店長にプレイヤーの立場は求められていません。店長がプレイヤーとしてふるまってしまうと、マネジメントがきかないお店になってしまいます。店長の仕事が何かを、認識する必要があります。

飲食店も小売店も、多くの店長はプレイヤーもやらないといけないので、スタープレイヤーになろうとしますが、これをやると失敗します。店長はマネジャーのスタンスでプレイヤーをすべきです。やりながら教えるというスタンスで、現場に入ります。そうすれば、現場のオペレーションをやりながら、マネジメントをすることができます。

基本的にスタッフに対してやって見せるといった、仕事を教える一環でプレイヤーとして入るのはOKですが、マネジメントをおろそかにしないことです。この「プレイヤーからマネジャー」という切り替えが、真っ先に求められます。

◎店長に求められる3つのミッション

ここで、店長に求められる「3つのミッション」を説明します。

①人材の育成

店長の1番の仕事は何かというと、まずは人材の育成です。スタッフを育て、自分の分身をつくることが必要です。そうしないと、いつまで経っても自分がプレイヤーのままになってしまいます。スタッフの成長をはかることが第一です。

②適正な利益を出す

店舗運営には利益予算がありますので、きちんと利益を出すことです。「異動したばかりなので利益が出ません」といった言い訳は通用しません。着任したときから数字は求められます。

③経営理念を体現する

会社によって、経営理念や信条、行動規範といった、会社の軸になっている大事なものがあります。それをしっかりと率先垂範する、行動レベルでスタッフに示すことです。

どのミッションも、店長になる前に認識しておいてもらいたいことです。これら3つのミッションをまずはしっかり頭に入れて、店長になる心構えをつくってほしいと思います。

悩み2　店長初日、お店に行ったら何をすればいいですか？

答え　スタッフ全員と1人ずつ面談しましょう。

◎全員の顔と名前をインプットすべし！

店長になって初めての出勤日、お店に行って最初に何をするかというのは、実は結構大事です。これは初めて店長になる人もそうですが、今いる店の店長から違う店の店長に異動する人にもあてはまることです。

初日にすべきことは、スタッフときちんと面談することです。そのためにも、事前に人事カードや履歴書を見ておいたり、社歴やキャリアパスのランク、人事考課の結果などに目を通しておきます。前任の店長が突然いなくなったということでなければ、きちんと人事に対する引き継ぎを受けておきましょう。

あわせて、お店の数字も見ておきます。少なくとも前年の分までは確実に見ましょう。損益計算書（ＰＬ）もそうですが、客単価や客数の推移、ＡＢＣ分析で売れ筋商品が何かを把握する、どんなプロモーションを行ってきたか、こういったことは最低限押さえておきたいところです。

初日は誰よりも早く出勤することもポイントです。出勤する人の顔と名前を覚えておいて、「○○さんだよね、おはよう。今日からよろしくね」と声をかけて迎えます。そして、できる限り面談の時間をつくり、一人ひとりと話をするのです。

そのためにも、いきなり店長自らがシフトインするシフトをつくらないことです。引き継ぎ期間があれば前任の店長に任せたり、スーパーバイザー（ＳＶ）に現場に入ってもらうなどして、とにかく面談をしましょう。面談というと堅苦しくなりますが、要はコミュニケーションをとるということです。これだけで、滑り出しは格段に変わります。

悩み３　店長になったのだから、自分の考える理想のお店に変えてもいいですか？

答え　本当に変えたいのなら、最初は「何も変えない」ことです。

◎指摘する前に現状を把握せよ！

やる気がある人が店長になったときほど、いきなりホームランを打とうとしがちです。現場に行って、「このお店には改革が必要だ」なんて言ってしまう人がときどきいます。「改革」というと、カッコよく聞こえるかもしれませんが、要はそのお店のダメ出しをするわけです。「なんでこんなやり方をしているの？」「これはダメだね～」など、前任の店長の悪口を言ったり、今のスタッフのやり方について指摘をしたり、自分の成功体験だけを持ってきてそのお店の批判をしたりしているようでは、必ず失敗します。

よくやりがちなのが、何かを〝変える〟ことです。仕事の手順や物が置いてある場所、ルールなどを、「こっちのほうが絶対いいから！」と、急に変えてしまうのです。これでは働いているスタッフたちは混乱してしまいます。

新しく入ってきたばかりの自分が、「俺の言うとおりにやってくれ」と言って意見を押し通す前に、まずは現状を把握すべきです。前任の店長に、「お店の仕事をしていて、やりづらいことはないですか？」と、困ったことを聞いてみましょう。

スタッフたちと面談をするときにも、「皆の話を聞かせてほしい、実態を知りたいんだ」と聞いてみることです。お店に入ったばかりでは、数字の面でしか見られていないので実態がどうなのかがわからないわけですから、「店長として皆がもっと働きやすくなるようにやっていきたいんだ」と説明します。

そうすると、スタッフたちも「新しい店長、どんな人かな？」「怖い人だったら嫌だな」などと考えて構えている中で、「ちゃんと話を聞いてくれる人が来てくれたんだな」と思ってくれて、話をしてくれるようになります。

◎方針は、指示型ではなく提案型で伝える

全員との面談を行ったうえで現場に入ってみると、スタッフたちの言っていた課題が浮き彫りになってきます。「数字が悪くなったのは、まさにこういうところが原因だろう」と仮説が立つのです。

仮説が立ったところで、初めて方針を立てます。このときに、提案するかたちで方針を

伝えることが重要です。

「皆の言っていることが、現場に入ってよくわかったよ。この点は課題があるから、こうしたいと思うんだけど、皆の意見を聞かせてほしい」

このように意見を求めると、「店長、もっとこうやったらいいんじゃないですか？」といった意見が出てくる可能性があります。「確かにそっちのほうがいいね、それ、採用！」となると、スタッフたちの運営への参画が始まるのです。

もし、いきなり、「こうすることに決定した」と指示するようなことをすると、そこから店長の独裁が始まってしまいます。お店というのは、1人でやれる仕事ではありません。スタッフたちの協力が絶対に必要です。チームづくりのためにも、まずは方針を提案して意見を求めることを忘れないようにしましょう。

そもそも、意見をもらった時点で、コミットがとれていることになります。「こうしたいが、どう思うか」と言うことは、これから何をしていくかがわかっているということです。やることがわかっているので、改めて「これをやれ」と指示を出し、本当にやっているのかを監視する必要もありません。スタッフたちは自然にやってくれるようになるのです。ここまでできれば、店長としてのスタートは成功です。

◎「変えないこと」がお店を「変える」

初めて店長になると、気合いが入りすぎて空回りしたり、強いリーダーシップを発揮しようとして恐怖政治のようになってしまう人がいます。それは、「俺がお店を変えてやろう」と思ってのことだと思いますが、まずは「何かを変える」のではなく、「何も変えない」ことを徹底しましょう。

まずは今の延長でいいと考え、そのお店の強みを「いいね」と評価して、伸ばすことに注力してください。わざわざお店の弱みばかりを見つけて突く必要はありません。「いいお店だね、皆すごいね」と言うだけで、スタッフたちは自然に伸びていってくれるはずです。そうやってコミュニケーションをとり、チームワークを醸成すること。これがうまくいけば、お店のオペレーションについての心配はまずなくなります。

ですから、いきなり「改革」なんてしなくていいのです。まずはお店のこと、メンバーのことを知り、チームワークを醸成することに一生懸命になりましょう。お店にはすでにチームがあるので、そのチームの機能を混乱させることが1番のNG策です。

だからといって、ずっと、まったく何も変えないのも困ります。コミュニケーションしたうえで、やはり変える必要があるものはメンバーと相談しながら変えていきましょう。

ここまでくると、そのお店にはすでに変化が現れています。それは、メンバーが「店長が私たちの話を聞いてくれる」「店長から信頼されている」と感じて行動しているからです。前任の店長がそういう人ではなかったら、なおさらその変化は大きく感じることでしょう。この変化をもたらしたのは他でもない、店長のあなた自身です。

序章で述べてきた「一見、なんでもないようなこと」が実現できれば、あなたはもう店長としての最初の壁を乗り越えたことになります。ただ、落とし穴は、「一見、なんでもないようなこと」だからこそ、面倒くさがったり、甘くみてしまって実行しないということです。

ささいなこと、簡単なこと、これをおろそかにせず実行することで、店長としてのスタートは俄然違ってきます。騙されたと思って、やってみてほしいと思います。

第1章

店長の壁・その1
人間関係の壁

悩み4　年上のアルバイトが多く、私の言うことを聞いてくれない！

答え

協力を依頼し、相談を怠らず、感謝を伝えることで、強力な支援者になってもらいましょう。

◎「あなたの協力が必要なんです、力を貸してください！」

店長の自分より年上のアルバイト・パートの人がいるというのは、飲食業や小売業では珍しいことではありません。女性の多い職場、カフェやインテリア雑貨店、アパレル、美容院やリラクゼーションサロンなどでは、若い女性店長と年上の女性メンバーたちで仕事をすることがよくあります。そのため、この悩みを抱えて、私のところへ相談に来る店長もかなりの数いるのが事実です。

年上のメンバーが多いお店で働くことになったときは、「可愛がってもらう」のが1番です。メンバーたちから好かれて、「店長のために、頑張ろう」と協力してもらえる関係を築くのです。

どう考えても、自分より若い店長に命令されるのは気分がいいものではありません。あまり社会経験もないような人に、あれこれと指示されるのは面白くないと思うでしょう。そう思われてしまうと、店長の言うことを聞こうとしなくなるのは当然です。

ただ、店長はここでナメられてはいけません。どうすればいいのかというと、好かれるようにすることです。誠実で、一生懸命な人には、基本的に協力したくなるものです。店長のほうがスタッフを信頼して頼るようにすれば、協力してくれやすくなります。

たとえば、ベテランのスタッフの中には、マニュアルなどとは違って、自分なりの仕事の流れをつくってしまっている場合があります。そういうときに、「マニュアルを守ってください」と説得し、納得してマニュアルどおりにやってくれるかといえば難しいでしょう。

そこで、まずは一人ひとりに協力を要請することです。

「まだまだ若輩者で経験もないですけど、店長を拝命したので全力でやりたいと思っています。そこで○○さんの協力が必要です。力を貸してください！」

こんな一言を最初に言っておくのです。そして、

「店長という立場なので、厳しいことを言う場合もありますが、それは許してください。

仕事なので、○○さんが嫌いとかではないんです。厳しいことを言うのも私の仕事なので、もしそういうことがあったら申し訳ないですが……人前では言いませんが、ズバッと言います。それを、許してください」

と、先に謝っておきましょう。こういったことを最初にお願いしておく、事前に種を蒔いておくことが非常に重要です。種を蒔いておけば、いざ何か問題があったときにも、「○○さん、この前言ったとおりなんですが、これはマニュアルどおりではないのでちょっと困ります。こういうふうに変えてもらえますか？」

と、自然にお願いすることができるようになるのです。

◎年上スタッフを反乱分子ではなく協力者にする

事前の種蒔きをしていないと、「あの店長、若くて何もわかっていないのに生意気だ」と思われて、年上スタッフが反乱分子になってしまう可能性があります。影響力のあるスタッフだった場合、他のスタッフたちと徒党を組んで「店長対スタッフ」という対立構造になってしまうこともあります。これは大変です。

そうならないためにも、年上スタッフに対しては事前に細かく相談することを怠ってはいけません。いちいち面倒だと思うかもしれませんが、

「このやり方をこういうふうに変えようと思うんですが、どう思いますか？」

この一言があるかどうかはとても大きいです。相談に対してそのスタッフが、

「それ、いいんじゃないの」

と言ってくれたら、一気に店長の味方になります。事前の相談がないと、「店長ったら、また勝手に決めて……」と思われてしまうかもしれません。とにかく相手が納得するまで相談することです。

「納得いかないかもしれませんが、それも踏まえて協力してください」

「なんとかお願いできませんか？」

などと言って、協力を仰ぎ、本当に協力者、支援者になってもらいましょう。

お手本になってもらうというのも、説得するための理由になります。

「スタッフ皆が○○さんをお手本にしているから、お手本の○○さんが違うやり方をしていると影響力が大きいので、マニュアルのやり方に修正してもらいたいんです」

このように説明すると、納得してもらいやすくなります。また、それをきちんと他のスタッフたちがいる前で、

「皆、○○さんがよくわかっているので、○○さんのやり方をよく見てお手本にしてください」

と言えば、確実にやってくれるようになります。

そして、感謝を口に出して伝えることも忘れてはいけません。

「○○さんに手伝ってもらっていつも助かっています」

「○○さんの協力には本当に感謝しています」

など、折に触れて伝えるように心がけましょう。

◎どうしてもダメなら辞めてもらう決断を

もし、ここまで協力を要請しても言うことを聞いてくれないというのであれば、最終的には辞めてもらわないといけません。そうならないためにも、まずは店長の自分が細かい相談を重ねて、配慮をするようにしていきます。

しかし、そこまでしても変わらない相手だったら、辞めてもらったほうがいいでしょう。厳しい言い方になりますが、そのスタッフのためにお店があるわけではないので、強力な支援者になってもらって長く働いてもらうか、どうしても反発されてしまったり、やり方を変えてもらえないようなら辞めてもらうことです。

とはいえ、「言うことを聞かないスタッフはすぐに辞めてもらえばいい」という考えは早計です。他のスタッフたちに、「店長が気に入らないスタッフはすぐに切られる」と思われてしまうからです。

そうではなく、店長としてやれるだけのことはやったうえで辞めてもらうというのなら、「しかたないよね」「店長もあの人のせいで大変だね」と、他のスタッフたちは反対せず、店長の味方についていてくれるでしょう。店長が誠実に対応している姿を見れば、おのずとそういう流れになっていきます。

ただ、「年上の人はちょっと……」と、最初から苦手意識を持つようなことはしないようにしましょう。そういう人がいたら、とにかく強力な支援者になってもらおうと思うことです。実際、味方についてくれたら最大のバックアップをしてくれるはずです。１度味方になると裏切らないですし、早めに味方になってもらえれば甘えることもできます。力のあるスタッフなのですから、頼りにすればいいのです。

自分の代わりに仕事を任せることもできるでしょうし、その分、自分の作業を減らせてクオリティの高い仕事に集中することもできるでしょう。そういうプラスにもマイナスにも影響を及ぼすような力があるスタッフは、うまく協力してもらうことが１番です。

悩み5　仕事に追われて、スタッフと話す時間がありません。

答え

本当に時間がありませんか？「今日、どうだった？」と尋ねるのに、1分もかからないはずです。

◎コミュニケーションは数秒あればできる

店長になりたての人に多いのが、「とにかく時間がない」「忙しい」と言っている人です。「これだけ忙しいのでスタッフと話す時間もなくて……」と相談するような店長もいますが、そんな人に対して、私はいつもこう尋ねます。

「話す時間というのは、何分必要なんですか？」

スタッフとコミュニケーションをとるのはとても重要なことですが、毎日10分、15分の時間をとって1対1で面談をしなければいけない、ということではありません。極端に言ってしまえば、1日1分でもコミュニケーションをとることは可能です。

「おはよう、今日は顔色がよくないみたいだけど、大丈夫？」

　この一言、5秒もあれば言えますよね。これも立派なコミュニケーションです。

「今日はこの仕事をやってもらえるかな？」

　こうした作業の指示も5秒もあればできるはずです。仕事の途中で、

「どう？　さっきの仕事、進んでる？　お、いいね」

　とさりげなく声をかけるのもOK。

　改まった雰囲気で「きちんとこういう話をしよう」ということではなく、仕事に関わる話を一瞬でもすれば十分です。そのちょっとの会話のときに、相手の表情や声のトーンを気にかけておきます。

　また、ときどき自分の視界に入るようにしておくと、声をかけやすくなります。目線を送るだけでもいいですし、ニッコリと「いいね」という表情を送るというのも効果があります。仕事の最後に、

「今日はどうだった？　あの仕事、教えてもらった？　なかなかよかったよ、明日もその調子で頑張ってね。じゃあ、お疲れ様」

　これで終わりです。

　おそらく全部で1分ぐらいしかかかっていないでしょう。働いているスタッフが10人い

たら、10分です。店長にも、休憩時間や食事の時間はあるはずです。そういう時間もないというのであればそれは問題ですが、そうでなければ10分くらいは1日のうちに絶対につくれるはずです。

◎店長の仕事の優先順位とは？

優秀な店長は、仕事の優先順位の1番にコミュニケーションを置いています。

ところが、無能な店長ほど、オペレーションにウエイトを置きがちです。オペレーションは、自分もよく知っている作業をただ黙々とやっていればいいので精神的に楽だからです。

でも、店長が作業をやっていてはいけません。マネジャーという立場の自分にしかできない仕事に集中すべきであり、他のスタッフでもできる作業であればやってもらえばいいのです。

店長である自分は1人、スタッフが10人だとします。スタッフ1人の売上を1とすると、店長の売上はどのくらいでしょうか。

ハッキリ言って、スタッフと同じく、店長1人の売上も1、つまりスタッフ1人と店長では稼ぐお金は同じなのです。店長が対応したら客単価が倍になる、ということなら話は変わってきますが、そんなことはないですよね。飲食店であればメニューは決まっているし、お客様が注文する量だって大差があるわけではないでしょう。

そうであれば、店長が頑張って接客をするよりも、スタッフ全員に気持ちよく働いてもらい、10の売上をしっかり上げてもらうことのほうがはるかに重要だとわかるはずです。たとえ店長１人が倒れても、スタッフが10人いればお店はなんとかなります。

ですが、スタッフ全員に仕事をボイコットなどされてしまったら、店長１人ではどうにもなりません。こう考えても、店長の業務を置いておいても10人のスタッフと話すことに力を入れたほうが絶対にいいのです。

だからこそ、スタッフとのコミュニケーションの時間をとらないというのは、マネジメントを放棄していることを意味します。１人１分、10人で１日10分もあれば十分なのですから、「絶対に1分は話をする」と決めて、優先順位を1番にしてください。一緒に作業をしながらでも、朝礼と中間と帰りがけに20秒ずつでもかまいません。

たったそれだけの時間もつくれないような店長は、仕事放棄をしていると思ってもらいたいです。

悩み6　いつもガミガミ感情的に怒ってしまいます。本当は育てたいのに……。

答え

本当に育てたいと思っていますか？育てたいと思っていたら、怒り方が変わるはずです。

◎店舗で怒るような場面は限られている

「スタッフを育てたいと思っているのですが、つい怒ってしまいます」と言う店長がいますが、本当にスタッフを育てたいなどと思っているのでしょうか。そんなことを言う店長は、スタッフが育つと信じていないように感じられます。

怒ったり、叱ったりする場面というのは、定義が必要です。遅刻をしたり約束を守らないといった倫理的なルールを破ったとき、最初から努力することを怠ったとき、自分からできないと決めて諦めてしまったときです。店舗の仕事の中で、販売のセンスなどはありますが、怒るような事象はそういったレベルのことでしょう。逆に言うと、こうしたこと以外では、そんなに怒る場面はないはずです。

そういう場面ではなく、ガミガミ怒っているようなときというのは、おそらくスタッフが育つと信じていないし、その思いは相手にも伝わっていると思います。仕事の良し悪しやルール違反のミスを注意するのであれば、感情的になって怒る必要はありません。

感情的に怒っているようでは、言われているスタッフも、「店長は私を育てようと思っていないな」「何か機嫌が悪いから八つ当たりしているのかな」と感じているのではないでしょうか。

◎自分の教え方に問題はないか？

それではいったい、何に対して店長は怒っているのか。それは、自分の教えるスキルのなさに腹を立てているのです。まず心得てほしいのですが、すぐに怒りたがる店長は、スタッフをチームとしてまとめることができていません。

「頭ごなしに怒ってはダメだ。その怒り方では、部下のやる気を損なうだけだ」と、上司は不調な店舗の店長にアドバイスします。ところが、店舗経営がうまくいっていない店長は、上司のアドバイスに耳を傾けようとはしません。すぐに反論を語りだします。

「違うんです。部下の○○が仕事を覚えようとしないので、注意しているんです」

上司のアドバイスの先にあるものに気づこうとせず、反論することで自分を守っているのです。「悪いのは周りです。私ではありません」ということの一点張りの人は、マネジャーとしては短命で、実際、降格になる人が多いことを覚えておいてください。

もし、本当にスタッフを育てたい、大事にしたいと思っていれば、なかなか仕事を覚えられないスタッフに対して「何やってるんだ！」「いい加減にしろ！」と大声で怒鳴るようなことはしないでしょう。

「なぜ間違ったやり方をしているのだろう？」「教えたこちらに問題があったんじゃないか？」という前提に立つと、たとえ仕事でミスしたとしても、「あのスタッフがきっと悪い」という捉え方にはならないはずです。

ミスがあっても、かたくなに相手が悪いと思い込まないことです。こちらに非があるという前提に立ち、「どうしたんだ？」「もう1回、やってごらん」「今度からはこうするといいんだ」と前向きな声をかけましょう。大事な人に対して注意するとき、自分はどうするかという意識を持って接してもらいたいと思います。

◎厳しい指導には理由が必要

新卒で勤めていた会社で、私は女性の上司に毎日怒られていました。その上司が本当に厳しくて、1年目には厳しさのあまり胃潰瘍になるほどでした。しかも、その上司は誰にでも厳しいわけではなく、自分に対してだけ、仕事内容はもちろん、髪の長さやスーツのシワといった身だしなみにいたるまで、とにかく注意してきたのです。

当時は自分だけが厳しく言われる理由がわからず、「こんなことでそんなに怒るか?」と疑問に思いつつ、「なんで俺だけ……気にさわるようなことをしたんだろうか?」と疑問に思いつつ、「いつか復讐してやる!」と恨みを抱いていたほどでした。

それから数年後、私も上司もその会社を退職していたのですが、一緒に食事をする機会がありました。その席でつい、「僕、実はあの頃めちゃくちゃ怒られていたから、すごく恨んでいたんです」と愚痴をこぼしました。すると、上司はこう尋ねてきたのです。

「あなた、入社したときの目標設定になんて書いたか覚えてる?」

「……まったく覚えていません」

「あなたは『1番になりたい』って書いたのよ」

入社時の目標など、あまり深く考えずに大きなことを書いたのでしょう。そんなふうに書いていた自分自身にも驚きましたが、私は1年目で同期100人の中から優秀社員として表彰されていたのです。

その上司も表彰されたことがあったので、「そんなスピードでは1番になるのは無理だ」

「そんな勉強の仕方じゃ足りない」「言動から成績、身だしなみまですべてで1番にならないとダメだ」ということで、「1番になる」という目標を達成させるために、私に厳しく指導していたわけです。

「別に私の仕事はあなたに好かれることではない」と言う上司の言葉に、それまでの厳しい指導の理由がはっきりとわかり、ようやく納得できました。

目標設定が高いスタッフに対しては、厳しく指導すればいいでしょう。ただ、その理由を伝える必要はあります。「早く店長になりたい」「店長になっていずれはスーパーバイザーになりたい」というような部下に対しては、「頑張ろう」と思わせ、それなりに高いハードルを与えて厳しく指導することを伝えます。共有できていれば、問題は起こりません。

部下が困難から逃げだそうとしているようなときは、「それでいいの？」と厳しく注意します。「自分を鍛えるために厳しくしている」ということがわかっているので、部下も「ガミガミ怒られている」とは思いません。「店長になる目標は来年でしょ？　そんなペースじゃ間に合わないよ」と、理由がお互いにわかっていることが重要です。

ガミガミ感情的に怒るというのは、スタッフを育てたいと思っていないし、育つように信じていない、そして自分の無能さに腹が立っていることのサインです。つい怒ってしまったときは、自分のいたらなさを振り返ることを忘れないでください。

悩み7　注意しなければいけないとき、スタッフをきちんと叱れません。

答え

叱る必要はありません。厳しく叱る以外にも注意を伝える方法はあります。

◎理詰めで事実を並べられるのは厳しい

ガミガミ怒る店長とは対照的に、スタッフを強く注意できない店長もいます。ルール違反を繰り返すなど、厳しく注意する必要がある場面でしっかり指導することができないと、「このくらいなら怒られない」とスタッフに思われ、ナメられてしまうかもしれません。

ガツンと言うのが苦手だという人は、まずルールに照らし合わせて、事実をきちんと並べて伝えることです。このとき、ガミガミと厳しく言う必要はありません。叱るというよりは、指摘する感覚です。

「この仕事は平均6カ月で習得することになっていますが、まだ習得できていませんね」

「遅刻はルール違反です。4回続けて遅刻していますが、どうするんですか？」

このように理詰めで事実を並べて、「どうするの？」と決断を迫るような言い方をすると、言われたほうはとても厳しく感じます。

「何回遅刻すれば気がすむんだ！」と叱るような人は、ガミガミ言ったあとに「仕事の頑張りは認めてるんだから、もう遅刻するなよ」と逃げ道をつくってくれることが多いです。実は、そういう叱り方のほうが優しかったりします。

きつく叱っても、「次からはこういうやり方でやってごらん」と答えをくれる人に対し、言い方は普通だったとしても、「これはルール違反ですね、どうしますか？」と理詰めで指摘してくる人のほうが厳しく感じるものなのです。これで十分、効果はあるはずです。

◎店長以外の人に、叱る役目を任せる

店長が叱らないという方法もあります。叱る役目を他のスタッフに任せるのです。理詰めに厳しく指摘するリーダーは、チームの士気を下げてしまう面もあります。そういう意味では、理詰めで指摘するのは最終手段だと思ったほうがいいでしょう。

ではどうするか。店長が、自分の代わりに厳しく注意してくれる人を決めてお願いするのです。その人は、アルバイトリーダーでもいいですし、副店長などの他の社員でもかまいません。

「遅刻のことについて、厳しく言ってもらえる？　店長からの叱責は最終手段にしたいので」と、このように頼めばいいのです。10人もいるような組織であれば、誰かビシッと言う人が必要です。それは店長でなければいけない、ということはありません。そういう厳しく言う役割を与え、その分、皆の前でフォローするのが店長の役目です。

「厳しく言う人も必要なので、副店長には厳しい上司の役割を担ってもらっています」

「私が叱るときは最後です。なので普段は副店長に叱ってもらっています。副店長から怒られているうちに改善してください。副店長にはそんな役割もお願いしています」

こうした一言を言っておきましょう。

怒る役目を任せっぱなしにするのではなく、きちんとフォローするのは任せた側の使命だと思ってください。

◎「あなたには期待していたのに……」

女性をはじめ、いつも穏やかで優しいタイプの人は、怒るというよりは、「期待を裏切られた」という気持ちを伝えましょう。実は、人間は怒られるよりも期待を裏切るほうが嫌なもので、心により強く響くのです。

「あなたのことを信用していたけれど、これはないよね。すごく残念だった。でも、また頑張ってやってくれるって信じているからね」

こんなふうに期待されると、普通の感覚の人は「もう裏切れない」と思うはずです。

普段から優しい人が急に厳しく怒るのは、あまり印象がよくありません。ときどきズバッと言うくらいならいいですが、そういうタイプではないのなら、やはり「期待を裏切られて悲しい」ということを伝えたほうがいいです。

そもそもは、「褒めるときは褒める、叱るときは叱る」といったメリハリがあるのが1番いいのですが、メリハリがつけづらい人は、代わりに他の人に叱ってもらったり、理詰めで指摘したり、裏切られた気持ちを伝えたりといった方法があるということです。

叱るということは、本来は相手の成長を願っていたり、ルールを守ってほしいといった思いが先にあるものです。その思いがないと、ガミガミ言ってしまうし、相手にも邪険にしているような雰囲気で伝わってしまいます。叱り方には、厳しく叱る以外にも方法があることを知ってほしいと思います。

悩み８　忙しくてもアルバイトに仕事を任せられない。任せるのが不安です。

答え

店長にしかできない仕事は、ほぼありません。仕事を任せたあとの自分の居場所が不安なのです。

◎店長研修に参加する店長は50％もいない

私は店長向けの研修をさまざまな企業で行っていますが、ある企業で店長研修を行ったときのことです。そのチェーンの店長は全員で約１００人なのですが、実際に店長研修に参加したのは約50人。半分程度の店長しか参加しなかったのです。

なぜこんなに参加率が低いのかというと、「店長がシフトに入っている」という理由がほとんどでした。研修は会社行事なので基本は全員参加です。

しかも、事前に開催日は知らせてありますから、シフトを調整すればすむはずです。それでもシフトに入るということは、「店長がシフトに入らないと人手が足りなくてお店が回らないからだ」と、読者の皆さんは思うかもしれません。ですが、実際には人数の問題ではなく、「店長代理をできる人がいないから」という理由が圧倒的に多いのです。

では、店長代理をできる人がいないのは、そういう人材が育っていないのかというと、実はそうではありません。「店長が、誰かに仕事を任せようと思っていないから」です。

辛辣な言い方になりますが、無能な店長ほど、人に仕事を任せない傾向があります。これは店長の自分にしかわからない、という業務を持つことによって、自分の優位性を高め、安全なところにいようとしているからです。

通常のルーティン業務は、アルバイトでもできるような仕組みになっているものです。ところが、忙しくてもアルバイトに仕事を任せないことが多く、業務を手放すことに不安を感じています。つまり、その業務を店長にしかできない業務にしておくことによって、他のスタッフに対して自分の価値を認めてもらおうとしているのです。

本来であれば、店長は業務以外のところでスタッフから尊敬されるシーンがたくさんあります。部下の仕事ぶりをきちんと評価したり、成長を願って仕事を与えたり、落ち込んでいるスタッフを励ましたり、数字が苦しいときに踏ん張っている姿を見せたり。そのような方法で尊敬されればいいのです。

しかし、そういったことに自信がないので、業務を抱え込むことで価値を感じてもらおうとしてしまいます。「不安なので任せられない」というのは、実はスタッフに任せたあとの自分の居場所や価値の低下が不安なのではないか……思いあたる節のある人は、１度自分の本心に向き合ってみてもらえたらと思います。

◎任せられない仕事は、副店長の評価だけ！

店長業務を書きだしてみたことがありますか？　やったことがない店長は、１度リストアップしてみてください。そして、すべてを書きだしたら、店長にしかできない業務に〇、他のスタッフでもできる業務に×を付けていってください。

さて、どのくらい〇があるでしょうか？

たとえば、シフトは組み合わせなので、社員にもつくることはできます。１カ月で使える人件費もだいたい決まっているので、社員の人件費を除くとアルバイトのスタッフで使える労働時間は決まってきます。それぞれのスタッフがよく出勤している曜日や時間帯がわかれば、あとはそれをうまく組み合わせるだけです。

毎日の作業でいえば、発注やレジの清算、日報など、計算してパソコンに打ち込んだり、ＰＯＳを操作するような業務は、アルバイトでも覚えればできます。給与計算なども、フォーマットが決まっているので誰がやっても同じになるはずです。

店長会議も、副店長が参加する会議をつくればいいことです。私のクライアント企業には、「12回の店長会議のうち、2回は店長の代わりに副店長を参加させてください」とお願いしています。会議に出るようになると、副店長が会議資料をつくれるようになります。すると、その副店長たちが次に店長になってもすぐに会議に参加できるようになるのです。

こうして一つひとつを見ていくと、店長だけにしかできない業務はほとんどないことがわかります。私が思うに、ほぼゼロと言ってもいいぐらいです。

唯一、他のスタッフにできない業務としてあげられるのが、「評価」です。副店長の最終的な評価は、直属の上司である店長にしかできません。ただ、他のスタッフの評価は副店長に任せることもできます。副店長に評価面談をやってもらい、最終的な承認だけを店長が行えば、店長にしかできない業務というのは「副店長の評価」だけになるのです。

任せられる業務は他のスタッフに任せて、店長は面談などのコミュニケーションに時間を使ったり、売り場に出てお客様やスタッフに気を配ったりしましょう。新しいイベントの企画を考えたり、競合店を見に行ったりしてもいいのです。店長には、他のスタッフにできない創造性のある仕事をすることに時間を割いてほしいと思います。

悩み9　スタッフ、アルバイトの方から信頼されるにはどうしたらいいですか。

答え

信頼を求める前に、自分がスタッフのことを信頼して重要業務を任せましょう。

◎仕事を任せることこそ、信頼していることの証

「信頼されるにはどうしたらいいのか」

この質問に対する答えは非常にシンプルです。あなたが相手のことを信頼すればいいのです。自分が相手のことを信頼していなかったら、信頼されることはありません。スタッフたちに信頼してほしいと思うなら、まずはスタッフたちのことを信頼することです。

信頼していることを伝えるために、わざわざいいことを言う必要はありません。重要業務をどんどん任せていけばいいのです。相手のことを信じて重要業務を任せる。それが信頼です。先ほど、店長業務をリストアップすることをすすめましたが、そのリストから任

せられる業務の優先順位を決めて、スタッフたちにバトンタッチしていきましょう。

アルバイトでも重要業務を任せてもらうと、モチベーションアップにつながります。「この仕事は、○○さんがやったほうが精度が高いよね」「○○さんに頼むと、すぐに終わるしミスもないから助かるよ」と、褒めるポイントも見つかります。

任せられる業務がゼロになると、店長は何もしなくてよくなるかもしれません。それでもいいのです。スタッフたちが任された業務をこなし、生き生きと働いてくれていて、チームの成果が出ていればそれでOKです。

◎店長はスーパーマンにならなくていい

【悩み8】の内容にも通じますが、ときにすべてを完璧にこなし、「俺が1番できる」といった空気を出す店長がいます。重要業務をすべて抱えて、コミュニケーションなどもしっかりとるようにするといった、まるでスーパーマンのような店長です。

しかし、店長はスーパーマンにならないほうがいいでしょう。もし、うまくやりくりしてすべてをこなせるとしても、あえてできないようにしたほうがいいと私は指導しています。完璧を装わず、ちょっとわからないふりをするぐらいでちょうどいいのです。

どこか抜けているところがあるほうが人間味もありますし、できないものはできないとしてスタッフに頼ったほうが生き生きと働いてくれます。「この業務は俺が1番得意なんだ」と言っていると、誰もその仕事に手をつけなくなります。それよりは抜け道をつくって、「これは○○さんが得意だよね」と、どんどんスタッフに任せていけば、信頼されるようになります。

「スタッフからプライベートな相談までされるぐらいの信頼関係を築きたい」と考える店長もいるかもしれませんが、そこを目指すと果てしない道のりになります。

相談されることはとても信頼されているのでいいと思うのですが、専門でもないことに対して適切な助言ができる必要はありません。何か相談されたとしても、しっかりと話を聞いてあげるだけで十分です。

つまり「店長が優秀な店」を求めるよりは、「皆が働きやすく、頑張ってくれる環境がある店」を求めるということです。仕事もできて、コミュニケーションも頻繁で、どんな相談にも応えてくれる、そんななんでもできるスーパーマンの店長を目指すより、スタッフ全員が一生懸命に仕事をして、成長が実感できるような職場をつくるほうがずっと大切です。

そう考えると、店長は相談をされたときのための傾聴のスキルを持ち、相談を聞く余裕をつくるために仕事を抱え込まないことが必要です。忙しいと話しかけにくい人がいますが、それは非常に生産性を落とします。今相談すれば解決できることが、相談できなくて後手に回ってしまうからです。だからこそ、「店長、いいですか?」とスタッフがいつでも言える空気をつくりましょう。

悩み10 リーダーシップを学ぶにはどうすればいい?

答え 自分の理想とするリーダーが見つかるまで、本を読み続けてください。

◎参考図書を教えてもらっているようではいけない

店長になって、「もっといい店長になりたい」「もっとよきリーダーになりたい」という意欲が芽生えた人から、「どうすればリーダーシップを身につけられますか? 参考になる本を教えてください」と相談されることがよくあります。

おすすめの本を聞かれることが多いのと、私の推薦図書を必要としている人がいるかもしれないという思いから、私はいつも推薦図書を何冊か持ち歩いています。いろいろな本を読んでいるような人には、「この本も参考になるよ」と持っている本をあげたり、悩ん

でいる店長には「これを読んでみて」と渡したりするのですが、いきなり最初から参考図書を尋ねてくるような人には、

「参考図書なんて聞くんじゃない。そんなものは、悩み抜いて、自力で立ち上がるために死ぬほど本を読んで自分で見つけるんだ」

と伝えています。それは、本当に悩んだときに自分で立ち上がる力（学ぶこと、実践すること）をつけてほしいからです。困ったときにすぐに人に頼るようでは困難を克服する力は得られません。苦しいときの非効率が実はあとで大きな成果をもたらしてくれます。

多くの人に支持されているリーダーや、大きな成功をおさめている人の本は、数限りなく出版されています。その中からいろいろ読んでみて、自分の価値観にピタッとくる人を見つけることです。最も腹に落ちる人に当たるまで、手当たり次第とにかく読み続けてほしいと思います。

もし私がすすめた本を読んでも、「紹介された本、あまりピンとこなかったな」と思ってそこで終わってしまう可能性があります。それではいけないので、「これはいいな」と思える本が見つかるまで自発的に読み続けて探すことが重要です。良書にぶつかったときに、そこからその人の考え方を深掘りしていけばいいのです。

リーダーにも、なんでもできる完璧なリーダーもいれば、わざと抜けた感じにして周り

に応援してもらうリーダー、少し怖いと思われるくらい強力なリーダーシップを発揮する人もいます。人によってタイプがあるので、自分に合わないリーダー像を目標にして無理をしても長続きしません。多くの本を読む中から自分なりのスタイルを見つけましょう。

私がこんなに読書をすすめるのは、私自身が、店長として失敗し「本当に変わらなくてはならない」と覚悟を決めて本を読み始め、目標を達成することができたからです。

悩み11 話すのが苦手です。

答え

私も以前はコミュニケーションが苦手でした。でも、訓練すればできるようになります。

◎店長の最低条件は、コミュニケーションスキルがあること

店長に求められる最低条件は何かと問われれば、それは「コミュニケーションスキルが

あること」に尽きます。

きちんと会話ができない人は、店長を辞めたほうがいいでしょう。何が何でも人と話したくない、という人がいるとすれば、そういう話があった時点で引き受けてはいけないとさえ思います。

プレイヤーとして仕事はできますが、マネジャーとしてはよくない人に多いケースです。自分は仕事ができるけれど、コミュニケーションが苦手なため、それをスタッフたちに任せられない、するとチームが一体にならないのでスピードが非常に遅くなるといった事態になりがちです。

苦手意識を払拭しないと、店長の役目を果たすことは非常に難しいでしょう。もし本当に苦手で、克服するためのチャレンジもできないのであれば、今の段階では店長はやらないほうがいいでしょう。それぐらい苦手なら、マネジャーではなく、最初からプレイヤーで一流を目指したほうがいいと思います。

クライアント先の社長にも、「この人は店長をやらせないほうがいいと思います。たぶん潰れてしまうと思うので」と進言するような場合もあります。無理して店長をやらせても、その下で働く人たちも、その店長自身も不幸なだけだからです。

副店長にコミュニケーションスキルがあり、店長の代わりにその役目を果たしてくれるのであれば、任せてしまうという方法もあります。

ただ、副店長もコミュニケーションがあまり得意ではないとなると、これは大変です。店内も暗くなりますし、アルバイトによくしゃべるような人がいるとその人が中心になるので、マネジメントがきかなくなります。すると店全体がルーズになり、店舗運営が崩壊してしまうようなこともあるのです。

人事の配置の問題もありますが、中小のチェーンだとこういった事態もあまり珍しくはありません。そうなると、やはり店長がコミュニケーションスキルを身につけるべく奮起するしかないのです。

◎コミュニケーションスキルを高める訓練とは?

では、なんとかしてコミュニケーションスキルを高め、苦手意識を克服したいと思ったとき、どうすればいいのでしょうか。克服したいという意欲はあっても、すぐに心が折れてしまい、「やっぱり難しいな」と思って諦めてしまう人も多いようです。

私自身、コミュニケーションは得意ではありませんでした。面識がない人と積極的に話すなんて発想はまったくなかったのです。

初めて店長になったときにはかなり苦労しました。武道を長くやっていたこともあり、上下関係が厳しい中で育ったので、ビジネスでも店長という立場でマネジメントができると思っていました。

しかし、アルバイトや年上の部下をマネジメントするうえで立場だけではマネジメントがきかないことがわかりました。そこで、コミュニケーションに慣れるために私が実践していた方法を紹介しましょう。

私はさまざまなセミナーや勉強会、交流会に足を運んで勉強するようにしていたのですが、週末のセミナーなどに参加すると、ほとんどの人が1人で参加していることに気づきました。コミュニケーションスキルを高めたいと思っていたので、思いきってセミナーで隣に座った人に話しかけることにしたのです。

「今日、おひとりですか？　よかったらお昼ご一緒しませんか？」

こんなふうに話しかけて、必ずお昼に誘うというルールをつくりました。年齢、性別問わず、とにかく隣に座った人を誘うのです。思いきって、実践していきました。

セミナーで隣に座った初対面の人をお昼に誘うと、どのくらいの人が一緒に行ってくれると思いますか？

これが驚くことに打率10割、断られたことがありません。お弁当を持ってきているという人以外、皆さん一緒にお昼に行ってくれます。

やり始めた当初は、「思いっきり断られたらどうしよう……」とかなり緊張していましたが、何度も声をかけているとあからさまに拒否したり嫌な顔をするような人はほとんどいないことがわかりました。意外と受け入れてくれるので、声をかける恐怖心はどんどんなくなっていったのです。

さらに、セミナーが終わるとすぐに、今度は夕飯に誘います。お昼を一緒に食べたことで少し仲良くなっていることもあり、

「一杯やって帰りませんか？」

と誘うと、「じゃあ、ちょっとだけなら」ということで5割ぐらいは一緒に行ってくれます。承諾してくれるのはほとんどが男性ですが、女性の場合は断るにしても、「ちょっと用事があるので」「子どもがいて家事がありますから」と理由を言ってくれます。

最初に、「私はセミナーで隣に座った人、全員に声をかけるルールをつくっているんです」と言っておけば、変に警戒されるような心配もありません。もちろん、あまり話が弾まないこともありますが、これまでそうやって声をかけて知り合い、私の会社で働いてもらった人もいます。

このルールを決めてやり続けていると、プライベートでも徐々に社交的になっていきます。店長としてスタッフたちとうまくやっていきたいという意欲があるのなら、コミュニ

ケーションの訓練だと思ってぜひやってみてほしいと思います。

◎言うのがダメなら書くことから始めてほしい

「いきなり食事に誘うのはハードルが高い！」と感じた人は、「サンキューカード」から始めてみてください。

お店で働くスタッフ一人ひとりに対し、１日１枚は、「仕事を手伝ってくれてありがとう」といった感謝の言葉を綴ったカードを書きます。口に出してコミュニケーションをとるのが苦手なら、書いてコミュニケーションをとることです。

これを１カ月しっかり続けると、効果があります。ずっと出し続けていると返事が来るようになるからです。文章でのやりとりができるようになれば、コミュニケーションはだいぶよくなっています。

１カ月を過ぎたら、どうしても書く内容が薄くなり、同じようなことばかりになってしまうので、そうなったら月に１回にするなどして、もらった相手が嬉しくなるような内容を心がけましょう。

悩み12 エリアマネジャーに叱られてばかりで落ち込みます……。

答え

叱られたら、「申し訳ありません」ではなく、「ありがとうございます」と答えましょう。

◎「報・連・相」をスピードアップさせる

企業によってスーパーバイザーやエリアマネジャーなど、呼び方はさまざまですが、店長の上司にあたる複数店舗を統括する担当者がいます。受け持つ店舗すべての運営状況を把握していて、本部と店舗をつなぐ架け橋のような役割を担っています。

こうした上司に、よく叱られている店長がいます。いつも同じ店長ばかりが叱られているということが多いのですが、上司に叱られる店長に共通しているのが、いわゆる「報・連・相（報告・連絡・相談）」が圧倒的に遅い点です。特にネガティブな情報の発信が遅く、早めに相談していればよかったものを、相談をしないので叱られるのです。

ですから、「報告が遅い！」という理由でよく叱られるという人は、とにかく情報発信を早くすることです。これが改善されるだけで、叱られる頻度はかなり減らせると思います。具体的には、「報・連・相」→「逆の相・連・報」にしてください。まずは相談、経過の連絡、結果の報告という順番です。気になることはまず相談しましょう。

そのために必要なことは、週間レベルでの業務報告です。報告書の中に相談事項のワクをあらかじめとっておいてください。もっと細かく相談するためには日報レベルで報告のワクをとっておきます。すると、毎日日報を書くたびに相談事項に関して考えることになります。報告書をフォーマット化しておくことがポイントです。

◎叱られても落ち込まないための秘策

ただ、ときどき本当に怒りっぽい人というのはいます。そういう人から叱られるたびに、「すみません」「申し訳ございません」といつも謝ってばかりいると、上司＝叱る人、店長＝叱られる人の構図ができあがってしまいます。この構図は1度できてしまうとなかなか変えられません。どちらにも問題があるのですが、店長が上司に向かって、「そんなに叱ってばかりではダメですよ」などと言えるわけがないですよね。

そんなときに、叱られても落ち込まなくてすむ方法があります。「申し訳ございませんでした」と謝らないことです。当然、申し訳ない、反省しているというのは態度で示さなければいけませんし、「自分は別に間違っていないし」という意味で謝らないという意味でもなく、謝罪を言葉に出さないということです。

もし叱られたら、「ありがとうございます」と言いましょう。「すみません、すみません」と謝ってばかりいても、火に油を注ぐだけです。「ご指摘、ありがとうございました。参考になりました」「ありがとうございます、勉強になります」と、前向きに答えるのです。

そうすると、謙虚な姿勢も伝わりますし、上司の指摘が助言になります。言葉を変えることで、お互いがポジティブになるし、上司もだんだん叱ることからアドバイスすることに切り替わっていきます。

いくら理不尽なことで叱られても、夢や目標がはっきりしている人というのは伸びていけるものです。「参考になったな」「そういう見方もあるよね」と、自分の中に落とし込んで糧にすることができるからです。しかし、目標が定まっていない人は叱責を真に受けてしまい、とにかく謝罪して、「私が悪いんだ」と落ち込んでしまう傾向があります。

自分は叱られやすいと思う人や、「すみません」が口癖になってしまっている人は、「ありがとうございます」に切り替えてみてください。言葉を変えるだけなので、簡単です。

悩み13　上司が忙しく、相談事があってもなかなか話せません。

答え　相談が遅れるのは問題です。自分の意見をまとめたうえで、簡潔に相談しましょう。

◎上司が忙しいからと報告を怠ると……

スーパーバイザーやエリアマネジャーは、企業の業種やスケールにもよりますが、私のクライアント企業ではだいたい6～10店舗ぐらいを受け持っていることが多いです。6店舗だったとすると、店長だけで6人、社員は12人前後、アルバイトまで入れると50～60人ぐらいです。それだけの人数を管理しているわけですから、忙しくなるのは当然です。

店長の上司は、基本的に本社の人間です。そうなると、マーケティングや企画といった部門との関わりもあるため、会議が多くなりがちです。さまざまな部門の会議で、「現場の意見を聞かせてください」「現場の反応はどうでしたか？」といった現場サイドの意見を伝える役目を果たしているのです。

そのため、上司は常に過密スケジュールをこなしているのですが、その間にもガンガン電話が鳴ります。複数の店舗のどこかしらから連絡が入るのです。しかも、電話があるのはだいたいがトラブルがあったとき。その対処にも追われることになります。

こうして忙しくしていると、現場を見る時間がどうしても少なくなってしまいます。これは根本的には組織づくりに問題があるのですが、それだけ忙しくしている様子を見ているると、店長もなかなか相談を持ちかけにくくなります。忙しさのあまりイライラしていることが、目に見えて伝わってくるような人もいます。

すると店長は、「この程度のことは報告しなくてもいいかな」と思うようになり、【悩み12】のように「報・連・相」が遅れていきます。最初は小さかった悩みも時間の経過とともにどんどん大きくなり、「これはまずい！」となったところで報告して、その結果「なんで今まで黙っていたんだ！」と上司に叱られる、というわけです。

◎多忙な人にも伝わる相談の仕方

では、どうすれば上司に叱られたりせずに、スムーズに相談することができるのでしょうか？　考えてみたことがあるかわかりませんが、忙しい人が言われて最も腹が立つのが、「どうしたらいいですか？」「どうしましょう？」という相談の仕方です。

ゆとりがあれば、じっくり話を聞いて細かいアドバイスをすることも可能です。しかし、時間に追われている上司に店長が、「どうすればいいですか？」という漠然とした質問をしているようでは、「そんなの自分で考えろ！」と怒鳴られてしまっても無理はありません。

相談したいことがあるのなら、短い時間で上司がジャッジできるように、自分の意見や提案を必ず添えることです。

「こういう課題があって、こうやってみようと思うのですが、意見を聞かせてください」

このように相談すれば、「いいんじゃないか、やってごらん」「いや、その場合はそれよりもこうやったほうがいいぞ」と、パッと答えてもらえるはずです。業務に関わることであれば、自分の意見を持たずに聞かないことです。

「上司がなかなか電話に出てくれない」と言う店長がいますが、結論がないまま延々と話したりしていませんか？　それは相談ではなく〝愚痴〟です。暗い声で話され続けると聞いているほうも暗くなりますし、忙しいのに何が言いたいかわからない話を聞かされるとイライラが増すばかりです。愚痴を聞いてもらいたいのであれば、お店の営業が終わってから一緒に飲みに行ったときにでも聞いてもらいましょう。

◎自分で考えるべきことを他人に聞かない

メールなど、文章で相談する場合も、自分の意見を入れて簡潔にまとめることです。できるだけ紙1枚におさめ、文字数も少なくして図表などでパッと見てわかるような工夫をします。相談したい問題に対し、自分の考える対策や提案をいくつか示してから、「ご意見を聞かせてください」で締めくくります。

私自身、クライアント企業の店長たちから毎日たくさんの相談を受けます。電話やメール、最近ではラインで送られてくることもあります。数多くの相談がひっきりなしに送られてくるので、「どうしたらいいですか?」という相談に対してはあえて答えないようにしています。

たとえば、「今度、社内でアンケートをやることになったので、意見を聞かせてください」というメールが来たら、「意見はないです。それはあなたの仕事でしょう? 相談の仕方がおかしいですよ」と、ハッキリ書いて返信します。社内アンケートをするのは私ではありません。私の仕事なら当然アンケートについて考えますが、それは店長の仕事です。店長自身が、自分がやるべき仕事について自覚がないのが問題です。

厳しいと感じるかもしれませんが、相談の仕方に対してもマナーがあるのです。店長は、基本的なビジネススキルも一つひとつ身につけていってほしいと思います。

悩み14 同期が店長をしているお店が、自分のお店より繁盛していて悔しいです。

答え 悔しがって争うことは、お客様のためにもお店のためにもなりません。

◎対抗する前に、「どうやっているの?」と聞けばいい

店舗数が多い企業では、同期入社する社員が何十人もいることがあります。そんなたくさんの同期の中で、同じような時期に店長になったりすると、いろいろと比べたくもなるでしょう。

あなたにも、「アイツの店は繁盛しているのかな?」「今月の売上ランキングでは、向こうの店のほうが上だった」と常に意識してしまう、〝ライバル店長〟がいるかもしれません。

同期と切磋琢磨することはとてもいいことだと私は思います。ですが、勝ち負けを競うのは健全ではありません。もし、同期が自分よりもいい成果を上げたのであれば、悔しがるのではなく、喜んであげたほうがいい。うまくいっている店長に対しては、「すごいね、頑張っているね」と相手を評価し、それから聞けばいいのです。

「で、どうやって売上を上げているの？」

自分より成果を上げているということは、その人から学ぶべきことがあるはずです。どうやって成功したのか、何をしたらうまくいったのか、疑問を素直にぶつけてみましょう。同じ企業で働く店長同士がライバル心を燃やしても、お客様のためになるでしょうか？　企業のためになるでしょうか？　店長同士で争うというのは、戦う方向を間違っていますよね。お客様にとっていいことは、どのお店でも取り入れたほうがいいですし、1店舗でも多くのお店で売上が上がるほうが企業にとっては望ましいです。社内で争うよりも、成功事例を共有するほうがずっと有意義なのです。

◎成功事例を隠していては1番になれない

自分のお店で成果を出すことができたら、その成功事例はオープンにするべきです。「こうしたらうまくいった」という話を広く共有する人のところには、どんどん新しい情報が入ってきます。逆に、「自分より成果を出されたら困るから、成功の秘訣は教えたくない」と隠す人がいますが、そういう人は孤立していきます。

情報はギブ&テイクが基本です。自分が与えない限り、手に入れることはできません。そのときは成績がいいかもしれませんが、後々圧倒的な情報量の差になっていきます。

店長の上のポストになるのは、何十人といる同期の中で数名です。いつも周りに助言やアドバイスをしているような店長は、次の上司を選ぶときに、「あの人しかいないよね」と言われて上に上がっていくことになるのです。すると、それまで同僚だった店長たちは、その人の言うことをすんなり聞くようになります。いきなりリーダーシップがとれるわけです。

これがもし争っていたりするような関係で、競って1人が上司になったとしても、同期の店長たちは言うことを聞かず対立します。「アイツを引きずり降ろそう」ということになったら、それこそ不毛な争いです。

このように将来のキャリアの面から見ても、同期同士で争うよりは、次のステージに行くためにも周りを味方につけたほうが勝つでしょう。「悔しい！」と思っている時点で負けてしまうと思ってください。今、1番になるか、あとで1番になるか、ということです。

横の連携はとても大事です。週末のピーク時に人手が足りず、シフトで困ったときに、普段から協力しあっているような仲であれば、助けてもらえます。競っているため協力せずに、お店の売上を落としてしまうよりずっといいはずです。同期・同僚は仲間だということを忘れてはいけません。

悩み15　スタッフ同士の揉め事が絶えません。どうすればいいですか。

答え　店長が間に入り、潤滑油になりましょう。

◎相手の「いいところ」を双方から聞きだす

店舗は複数の人が働いているから成り立ちます。なかには、どうしても合わない人、仲良くなれない人がいることもあるでしょう。全員が全員と仲良くというのが理想ではありますが、現実はそううまくいきません。

仲が悪いスタッフがいたときに、店長は、少なくともスタッフ間の溝が広がっていかないようにする必要があります。当人同士での解決はかなり難しいので、間に入って調整します。まずは仲の悪い2人のスタッフそれぞれと面談をしてみます。

「最近どう？　Aさんとあんまりうまくいってないように見えるけど？」

「店長の言うとおり、ちょっとうまくいかないんですよね」

「なんでそうなのかな？」

と、いろいろな話を聞いてあげます。そのときに、

「ちなみに、たとえばAさんの〝いいところ〟って、強いて言えばどこかな?」

と尋ねます。「ああいうところが苦手だ」「適当に仕事をするところが許せない」など、
散々辛辣なことを聞いてから、店長のほうから、「でも、Aさんにもいいところがあるよ」

と言っても受け入れてくれません。1つだけでかまいませんので、本人からいいところを
言ってもらうことが重要なポイントです。

相手のいいところを聞きだせたとして、ここで無理やり、「ほら、いいところもあるん
だから、仲良くしようよ」と言っても、相手の心のシャッターは閉まったままですから、

「そうか、そういうところか」と聞くだけ聞いて、面談を終わります。

次に、もう1人のスタッフとも面談をします。

「Aさん、Bさんとうまくいってないみたいだけど、どうなのかな?」

「そうですね、あの人はこんな感じなので、どうも話が合いません」

「なるほどね。……けどこの間、Bさんと面談したんだけど、Aさんのこういうところが
いいって言っていたよ。BさんはBさんで、あなたのことを認めてるみたいだよ」

「そうなんですか……?」

「そうだよ。あなたはBさんの〝いいところ〟ってどんなところだと思う?」

先ほど聞きだした「いいところ」を伝え、同じように相手の「いいところ」を考えて

もらいます。このように、自分が「嫌い」と言っていても、相手から「でも私は好きですよ」と言われると、「嫌い」だと言いにくくなります。そういう面談を何度か行うことで、徐々に関係をよくしていき、仲の悪い2人の距離を少しずつでも近づけさせていくことです。さらにスタッフ全員で飲み会などを開催して、間をとりもっていきましょう。

なかなか大変なことですが、仲の悪いスタッフたちがお店のキーマン同士だったりしたら絶対に対処する必要があります。どちらもお店を辞めてしまうなどということは防がなければならないからです。

チェーン店の場合は人事異動を行うという方法もありますが、それは最終手段です。まずは店長のマネジメントでなんとかしましょう。その努力を惜しんではいけません。

1つ言えるのは、仲が悪かった2人が1度仲良くなると、ものすごく仲良くなることが多いです。「アイツ、思った以上にいいヤツだったな」というギャップがあるので、その反動で一気に打ち解けます。そうやってタッグを組むようになってくれると、お店としても本当に心強いです。

悩み16　1人のスタッフの問題行動で、お店全体がまとまりません。

答え　経営理念に照らし合わせて判断します。

◎辞めさせられないスーパースタッフ

ある上場企業の店長から、「スーパースタッフがいて困っている」と相談を受けました。そのスーパースタッフは、会社全体の中でもトップクラスで個人のセールスが非常に高く、社内で１番と言われるぐらいの能力があるそうです。では、なぜ困るのか。それは、会社批判や上司批判がひどいからだと言います。

そのスーパースタッフに対して、今までの上司はいろいろと指摘をしてきましたが、結局は辞めさせられなかったそうです。やはり能力がありますから、営業サイドが辞めさせたいと言っても、本部からＯＫが出なかったのです。

スーパースタッフがいる店舗は旗艦店で売上が大きく、パフォーマンスが突き抜けているので、他のスタッフたちからの求心力がすごいと言います。総合力は店長のほうが上ですし、管理職という立場でもありますが、影響力で負けてしまっているというのです。

「社員同士でネガティブなことをしょっちゅう言っていて、士気が上がりません。何度か注意したのですが、全然改善が見られないんです。辞めてもらいたいのですが、社内でもかなり重要視されています。せめて小型店に異動してもらおうと思うのですが、私の判断は正しいでしょうか……?」

涙ながらに相談してきたこの店長の判断を、皆さんはどう思いますか?

◎「1番重要なのは理念ですから」

私はこの企業の社長とは10年以上の付き合いがありました。社長は会社がまだ小さいときから経営理念や行動規範をとても大事にしていて、社員に対しても徹底的に語りかけてきていました。行動規範はかなり細かく、具体的なことが書かれています。書き方も、「こういうことをしましょう」というものではなく、「こういうことをしてはいけない」と、やってはいけないことを明快に禁止する書き方をされていました。

そこで私は相談してきた店長に、「社長は、『1番重視しているのは経営理念だ』って、いつも言っているよね。そこでジャッジすればいいんだよ。そのスタッフのしていることは、これとこれの行動規範に違反しているよね? それを見過ごしていいの?」とアドバイスしました。そして、もう1度面談をして、今後も行動規範に抵触するようなことをしているようだったらすぐに降格人事、それでも改善がないようだったら辞めてもらうことを伝えるように言いました。

経営理念や行動規範は、全従業員にとって最も重視される価値基準・判断基準です。それに明らかに反するような行動をしているのであれば、本部がいくら重宝していようと関係ありません。

相談を受けたその日の夜、私は社長にお会いし、「こういう相談があったので、いずれ降格人事が入ると思いますが、大丈夫ですか？」と尋ねました。すると社長は、「全然大丈夫です。どんどんやってください。１番重要なのは理念ですから」と、ハッキリおっしゃっていました。

◎すべての判断基準は経営理念にあり

問題行動をしているスタッフがいたら、経営理念や行動規範に立ち返って判断することです。「いつまでに改善されなかったら人事異動させる」など、期限を決めて相手に約束をさせます。それが守られないのであれば、きっちりとけじめをつけましょう。

ここで店長がしっかりとけじめをつけさせないと、ルーズな組織になります。いつもはどのスタッフに対しても優しく接していても、「ああいうことはこの会社では許されないんだな」ということを皆に示すいい機会です。躊躇せずにバシッとやりましょう。

これは店長の悩むところでもあるので断言しますが、スーパースタッフが1人いても、その人が何十人ものスタッフをかき回しているようであれば、いないほうがいいです。それよりは、他のスタッフ全員が0・1ずつでも成長したほうがいいのです。

スタッフ1人がお店に与える影響は、プラスの影響よりもマイナスの影響のほうが大きく響きます。どんなに販売力があるスタッフでも、普通のスタッフに比べて2倍程度しか売れません。どんなに頑張っても、そのスタッフ1人で10倍の売上を上げることはできないのです。それならば、問題行動のあるスーパースタッフ1人に振り回されるのではなく、10人のスタッフが10％能力アップすることに注力すれば結果は同じです。

悪影響のあるスタッフには毅然と対応し、お店全体の調和を優先させることです。その判断基準は、会社を支える経営理念に委ねれば、大きく間違えることはありません。

第2章

店長の壁・その2
人材育成の壁

悩み17　新人のアルバイトやスタッフを育てる方法は？

答え　最も重要な〝会社のミッション〟を伝えることです。

◎会社のミッションこそまず教える

店長がまずスタッフに教えるべきことは、会社のミッションです。会社のミッションというのは、経営理念や会社の歴史です。創業者のどういう想いからこの会社は誕生し、どういう想いで経営されているのか、そうした会社の〝根幹〟の部分を最初にしっかりと伝えてほしいと思います。

ですが、店長自身が会社のミッションを理解していないことがあります。経営理念をただ暗記しているだけだったり、それすら覚えていないこともあったりします。店長が理解していないものを、スタッフたちが理解できるわけがありません。経営理念を聞いたところで、ピンとこないのは当然といえば当然です。

本来であれば、新しいスタッフに最初に教えることなのですが、「これ、経営理念だから目を通しておいて」と言うだけだったり、オリエンテーションで輪読して終わってしまったりすることが珍しくありません。

◎「はい、喜んで!」の本当の意味

居酒屋などで、注文を受けたりしたときに、「はい、喜んで!」と答えることを義務づけているところがありますが、そう答えているスタッフ全員が、本当に〝喜んで〟いる表情をしているでしょうか? 無愛想だったり、棒読みのように「はい、喜んでー」と言ったり、そういうスタッフに出会ったことが1度ぐらいはあるはずです。

なぜ、その居酒屋では「はい、喜んで」と答えるようになったのでしょうか。おそらく、創業当初は本当に苦労して、店長は注文が入るたびに心からありがたいと感じ、「喜んでご用意します」という思いを伝えるために「はい、喜んで」と答えていたのだと思います。

ところが年月が経ち、店舗数もスタッフの人数も増えていくにつれて、そうした創業当初の想いが伝わりきらなくなっていきました。理由もわからずにただ言われているとおりに言っているだけのスタッフ、心を込めていないスタッフばかりになり、言葉と行動がまったく一致していない「はい、喜んで」が蔓延する居酒屋になってしまったのです。

そうならないために、会社のミッションを伝えてほしいと思います。創業当初の想いやエピソード、その言葉を言うようになった経緯を説明するだけでも違ってくるはずです。

「お客様の笑顔」や「仲間の喜び」といったキーワードを理念などに入れている企業も多いと思いますが、そのキーワードを入れるようになった理由を説明しないことには、ルールの押しつけになってしまいます。笑顔も挨拶も、理由が腹落ちしないことには、ぎこちないものになり、自然と出てくるものにはならないでしょう。

会社のミッションを全従業員にきちんと伝えることについては、それがスタッフたちに響くか響かないかということよりも、まずはやるかやらないかのほうが重要です。やらない店長が多いですが、絶対にやりましょう。教えても響かないスタッフには繰り返し伝えましょう。もし、店長である自分自身がそういったミッションをしっかり理解していないのであれば、上司やもっと上層部の人から腹落ちするまで話を聞いてください。

◎「ミスド」や「スタバ」の店舗で感じられること

「感じがいいお店」と言われると、どんなお店が思い浮かぶでしょうか。私の周りの人に尋ねると、決まって出てくるお店があります。ミスタードーナツです。

ミスタードーナツは全国に１３００店以上ありますので、私が尋ねた人全員が同じ店舗に行っているわけではないはずです。それでも、「やっぱりミスタードーナツは感じがいいよね」「いつ行っても、接客がいい」と言う人が多い。これだけたくさんの店舗があっても、どの店舗も〝感じがいい〟と言われる状態になっている。なぜでしょうか。

ミスタードーナツは社内の教育体制が非常にしっかりとしています。店長になるためには、長期間の研修合宿に参加しなければならないのです。合宿は泊まり込みで、会社のミッション、店舗経営のために必要な技術、接客、とにかくすべてを学びます。これだけ時間をかけて店長を育てるからこそ、ミスタードーナツはどこのお店に行っても、〝感じがいい〟と思われるお店になることができるのです。

同じように〝感じがいい〟と言われるお店に、スターバックスがあります。なぜスターバックスは普通のコーヒーショップと違うのか。それは会社のミッションがすべてのスタッフに腹落ちしているかどうかの差だと私は思っています。

スターバックスは、「人々の心を豊かで活力あるものにするために――ひとりのお客様、1杯のコーヒー、そしてひとつのコミュニティから」というミッションを掲げています。スターバックスにはあって他のコーヒーショップでは感じられない雰囲気、それはまさに、「このミッションを体現しよう」とすべてのスタッフが想い、その想いをもとに行動しているからこそ生まれるものだと思うのです。

多くのコーヒーショップでは、ミッションの前にとにかく作業を教えます。すると、スタッフの仕事は「作業をこなすこと」になってしまいます。作業の前に、まずはミッションを教えることです。ミッションが浸透していないと、お客様に心から喜んでもらえる、〝感じがいい〟と思ってもらえるお店にはなかなかならないのです。

悩み18 **新人スタッフに仕事を教える際に、お店にマニュアルがありません。**

答え

なければ自分でつくりましょう。期間を設けたトレーニングプログラムを考えます。

◎トレーニングプログラムは期限に従って行う

ミッションを伝えたら次に教え始めるのが、トレーニングのプログラムです。これは、何から何までをどのくらいの期間で教えるかということが事前に決まっていなくてはいけません。教える人によってやり方や期間にバラつきがあると、新人スタッフの成長スピードが人によって変わってきてしまうからです。

何から教えるとシフトインできるのか、何ができるようになったら1人でも仕事ができるようになるのか、最短でシフトの第一線に入れるようになるプログラムを組みましょう。「先輩がいないと何もできません」ということにならないよう、最も効率のいい順番を考え、それを何日間でクリアさせていくかを決めてプログラム化します。

こうしたトレーニングプログラムの多くはその会社がつくっているものですが、もし会社にそういったプログラムがないというのであれば、店長が自分で順番を考えてつくりましょう。普段、自分がやっている仕事を考えて整理すればいいのです。計画的に組んでみて、実際にやってみて合わないようならどんどん変えていきます。

教わるスタッフからしても、行きあたりばったりのトレーニングをされるより、最初から計画が組まれているほうが覚えやすいものです。プログラムという基準があれば、店長ではなくても、他のスタッフがそれをもとに新人を教育することも可能です。

◎何を教えたかのチェックを忘れずに

「新人スタッフが育たない」と嘆いている店長に会うことがありますが、新人が育たないのは、新人スタッフの素養が問題なのではなく、店長のスキルに問題があるということです。マニュアルがなかったり、計画的に教えることをしていなかったりなど、新人を育てるための準備が不足していることに問題があります。

「いつまでにこれができるようになってほしい」という要望をきちんと出して、その期限に応えられるように教えることが必要です。新人が入るたびに、「何から教えよう？」と悩んでいるようではNGです。入る前に計画を決めておきましょう。

完璧なプログラムをつくらずとも、1人でお店を回せるだけの仕事をすべて書きだして、覚えやすかったり、いち早く覚えてほしかったりする順番をつけ、それらの仕事がどのくらいの期間があればマスターできるのかを書いていきます。それだけでも、何もないよりずっといいです。

そのときに、いつ何を教えたかの途中経過を記録で残しておきましょう。教え始めた日付とマスターできた日付をメモします。そうすれば、まだ教えていない仕事もわかりますし、他のスタッフに指導役を引き継いでもらうときにも便利です。漏れや抜けがないかもすぐにチェックできます。チェックができれば、教えてもらうほうも、「なんでそんなことができないの？」などと習っていないことで怒られたりすることもありません。

双方にとってチェック機能は必須ですから、いつも忘れないようにしていきましょう。

悩み19　マニュアルがたくさんあるのに、どれもあまり役に立ちません。

答え　内容のアップデートを忘れないようにしましょう。動画で簡単につくってもいいです。

◎古くなったマニュアルは使われない

マニュアルがあっても使われていないお店というのは、少なくありません。そもそもマニュアルを読むということ自体が面倒、という場合もあります。

マニュアルは頻繁に使うものではなく、入店したときに自己学習できるようにつくられています。作業手順がわからなくなったときなどに、「マニュアルに書いてあるから見てみて」と言われたり、「マニュアルを見てわからなければあとで質問してね」など、店長や指導する人がいないときにも、新人スタッフが確認できるためにあるものです。

そういう存在であるはずのマニュアルが役に立たないというのであれば、それは使い方か内容に問題があるということです。内容に問題があるパターンは、だいたいがアップデートされていないのが原因です。今までやっていたことに変化があったり、ルールが変わっているにもかかわらず、古い情報のままで更新されていないのです。

少しでも古い内容があると、「それは前のマニュアルだから」と言われて読まなくなってしまいます。店舗によって作業のやり方がバラバラだったり、ルール違反があるようなら、それはマニュアルがしっかり共有できていないからです。

「半年に1度、見直す」など、マニュアルをアップデートするルールを決めましょう。チェーン店であれば店長会議などで更新情報をレジュメに入れるなどしてもいいでしょう。新卒入社のスタッフにマニュアル更新をやってもらう方法もあります。新人スタッフに1年間そのマニュアルを使ってもらい、変わっているところがあれば修正してもらうのです。

いつ、どのような方法で更新するかを決めておけば、滞りなく最新のマニュアルを使えるようになります。「更新は会社の本部の人がすることでは？」と思うかもしれませんが、気づいた人がやればいいと私は考えています。店長から、「ここのやり方、変わりましたよね。マニュアルはこういうふうに直しましょう」と提案してもいいのです。「本部が更新してくれない」と他人事のように考えるよりも、自分でやってみましょう。

◎新人を指導するときのマニュアル活用法

マニュアルの使い方に問題があるパターンとしては、使うタイミングを間違えている場合があります。マニュアルはすべてを暗記するぐらいガチガチに使うようなものではありません。必要に応じて必要なところを使えばいいのです。

たとえば、新人スタッフがマニュアルを使って教えたやり方とは違うやり方をしていたときに、どういう指導をするといいでしょうか？

「そのやり方は違うぞ、ちょっとマニュアルを持ってきて読んでごらん。なんて書いてある？……そこが違うよね。次からは気をつけてやってね。わからなくなったら、またマニュアルで確かめてみて！」

このように、マニュアルをスタッフと一緒に読んで、確かめながら指導すればいいのです。口頭で、「そんなやり方じゃないだろ！」「なんでわからないんだ！」と叱るより、マニュアルを見せて違うところを指摘します。きちんと事実と違う点を伝えるための指導ツールとしてマニュアルを使いましょう。

指導でマニュアルを使えば、頻繁にマニュアルを使う文化がお店に生まれます。すると、指導する店長も負担が減りますし、教えられる側のスタッフも、まずは自分でマニュアルを確かめる癖がついていきます。質問が減り、お互いのストレスも減ります。作業方法も統一されていくので、マニュアルはとにかく有効活用するべきです。

◎動画撮影するのも効果的

マニュアルというと、分厚い冊子を思い浮かべるかもしれませんが、最近は動画でマニュアルをつくるお店も増えてきています。文字や写真だけでは伝わりにくかった手順も、動画なら一目見ればすぐに真似できます。パソコンやタブレット端末が置いてある店舗であれば、ぜひ動画のマニュアルを取り入れてみてください。

フランチャイズのチェーン店などでなければ、お金をかけてカッコイイ動画をつくる必要はありません。売り物ではなく、自社店舗で見るだけですから、シンプルでざっくりした動画で十分です。業者を使って豪華な動画マニュアルをつくっても、更新されれば見られなくなりますし、更新のたびにそんな動画をつくるのはコストがかかります。

役者を使う必要もなく、社員やスタッフに、普段やっているとおりに作業をしてもらい、それを録画するだけでOKです。途中で解説を入れるようにしゃべってもらえば手順もわかります。料理などで必要な分量や間違えてはいけないルールなどは、「小麦粉＝○グラム、砂糖＝大さじ2杯」「蓋をして蒸らす時間＝3分」などの字幕を入れておきましょう。

マニュアルの更新があったら、すぐに撮りなおしましょう。今はスマートフォンでも簡単に動画撮影ができますから、難しくないはずです。「明日からこのメニューのつくり方を変えるので、この動画のようにやってみてください」と、SNSで共有することもできます。あまり構えずに、誰もが使いやすいマニュアルをつくってみてください。

悩み20　経験が浅いからか、朝礼の際に誰も私の話すことを聞いてくれません。

答え　〝いいこと〟を言う必要はありません。「今日もお願いします」と協力を仰ぎましょう。

◎カッコつけて朝礼するより、顔を見てお願いする

まだ店長になったばかりの人が気合いを入れて朝礼をしても、スタッフたちは聞いているフリをしているだけ……。コンサルタントの仕事をする中で、こういう光景を私はたびたび目にしてきました。こんなシーンに心あたりのある店長は、もしかすると朝礼で、スタッフたちにとって役立ちそうなこと、ためになりそうなことなど、ちょっと〝いいこ

と〟を言おうとしていませんか？

そんな聞きかじった〝いいこと〟を言おうとしている限り、スタッフたちは話を聞いてはくれないでしょう。経験が浅い、あるいはベテランのスタッフの人たちより年齢が下というときに、店長がいくら〝いいこと〟を言っても、相手には響きません。

それなら朝礼でいったい何を話せばいいのか。簡単です。「今日もよろしくお願いします。皆さんの協力がないと、私はまだ新人店長なのでやっていけません」と、お願いすることです。「今日は連休の2日目なので、お客様がたくさんいらっしゃって大変かもしれないですが、よろしくお願いします」。こう一言言って、きちんと協力を仰ぎましょう。

カッコつけた話をする前に、業務的なことをお願いするほうがずっと大切です。自分の話を聞いてもらおうと思ったら、まずはスタッフたちとの間にしっかりと信頼関係をつくることです。「経験はまだまだだけど、いつも一生懸命だし、尊敬できるな」と思われるようになって、ようやく聞く耳を持ってもらえるのです。

信頼関係を育んでいくためにも、できれば一人ひとりのスタッフの顔を見て、「この仕事を任せますから、よろしくお願いします」「レジが大変そうになったら、よろしくお願いします」「今日も○○さんには迷惑をかけるかもしれませんが、よろしくお願いします」とお願いしていきましょう。形だけの朝礼よりずっといいコミュニケーションがとれます。

悩み21　年上のアルバイトの方が、仕事を覚えてくれません。

答え　意欲がない人は、期限を決めてできなければ業務から外しましょう。

◎覚える気がないのか、覚えられないのか

年下の店長に反抗的になっているのかもしれませんが、そもそもその仕事を覚えられないのか、単純に覚えようとしていないのか、そこで対応が変わってきます。

なかなか覚えられないけれどなんとかして覚えたい、という意欲があるスタッフに対しては、できるようになるまでとことん付き合ってほしいと思います。苦手なところがどこなのか、どうすれば覚えられそうかなどを考え、時間をつくって手取り足取り教えるなど、教え方を工夫してチャレンジさせてください。

覚えようという意欲が見られないスタッフに対しては、ここでも期限を設けることです。店長のことが嫌だったとしても、仕事は仕事ですからやってもらわないと困ります。年上だからといって店長が変に気を遣う必要はありません。

「この業務はだいたい3回ぐらいで皆やれるようになります。いつまでにやれるようになってください。難しければ、できるようになるために協力します」

こう伝えて、それでもやらないようだったら、その業務から外れてもらうしかないでしょう。お客様視点や他のスタッフの視点から考えると、いつまでもダラダラと覚えない人にエネルギーをかけてもしかたありません。やる気がないようなら、業務から外す、シフトを減らすなどして対処しましょう。

悩み22 仕事ができないアルバイトを業務から外してしまったことが、気になっています。

答え

外すのはかまいません。しかし、教える側はベストを尽くしましたか？

◎部下をすぐに無能と決めつけてはいけない

改善の機会を与えたにもかかわらず改善がみられない場合、改善する気がない場合、業務から外すこと自体はなんら問題ありません。そこにきちんとした事実があり、期限を決めて改善を促しても変わらないのであれば、思いきってその業務から外すしかないでしょう。

しかし、本人に改善する意志があり、努力もしているけれどうまくできないという場合には、まだ店長に責任があります。店長が教える努力をもっとしなければいけないということです。

人に何かを教える方法は、1通りではありません。いろいろな教え方があることを知っておいてほしいと思います。厳しく教えたほうがいい人もいれば、優しく教えたほうがいい人もいます。具体的に手取り足取り教えたほうがわかりやすくていいという人もいれば、本人にいろいろ考えさせてやらせたほうがやりやすい人もいます。どういう教え方だと理解できるのか、それは本当に人それぞれです。

だからこそ、「このスタッフは全然仕事を覚えない」と決めつける前に、自分の教え方がどうだったのか、問題はなかったのかを考えることが必要です。たった1通りの教え方でうまく育たなかったからといって、部下を無能だと決めつけるのは早すぎます。努力しているのになかなか育たないスタッフがいたら、それは店長である自分に育てる力が足りない、教える力が足りないからだと思ってください。

◎教わる側のタイプを考える

私は仕事のかたわら、埼玉県さいたま市で空手を教えています。空手道場にはさまざまなタイプの子どもたちが集います。仕事と違って成果を要求することはできません。逆に教える側には成長させる責任が発生します。何を成長とするかは個々の目標や目的によります。「日本一を目指す！」など目標が高い子には厳しい稽古と厳しい要求をします。

一方、まずは身体を動かすこと、人前で大きな声で話せるようになることといったことが目標の子には、まずは空手を好きになって通い続けることを目標とします。

また、自己主張ができ、積極的に質問ができる子、控えめで自分から質問ができない子、技がうまくできなくても立ち向かって頑張れる子、うまくできないと落ち込む子など、さまざまです。どんな子でも必ず成長すると信じていろいろな接し方をします。

この子は向いていない、成功しないと、教える側が決めることは決してしてはならないと考えています。教える人こそ教えるスキルを高めていかなければなりません。自分の得意なやり方だけで通すことは許されないのです。

店長も改善する意欲のあるスタッフに対して、成長を信じ、成長させるという強い意志を持ってもらいたいと思います。

悩み23　副店長を育てるには？

答え　ナンバー２は店舗運営に絶対に必要な存在です。資料作成を通して育てていきましょう。

◎会議資料と月次報告書は、副店長につくらせる

店長がすべき仕事の中でも、ナンバー２といえる存在、つまり「副店長」を育てるというのは重要な仕事だと私は思っています。

副店長を育てるためにぜひやってもらいたいことは、会議資料をつくらせることです。会議資料というのは、１カ月間の結果（業績）、マネジメントの状態から要因を考察し、月次の対策を立てるので、店長業務を網羅的に理解することができます。それを副店長につくらせるのです。フォーマットにもよりますが、店長と同じ業務をできるようにさせることが副店長を育てる目的ですから、会議資料作成はもってこいの仕事です。

会議資料のフォーマットが統一されていなかったりするのは、副店長を教育する面ではあまりよくありません。できれば見直して、細かい数字やマネジメントの状態が入れられ

るフォーマットに変更したほうがいいでしょう。

【例】

- 数字＝売上の予算実績、前年比（その他客数・客単価・回転率・ＡＢＣ分析など）
- 利益の予算実勢・前年比（原価率・人件費率・水光熱費、その他変動費）
- 実績を導いた要因の考察と対策
- マネジメントの状態（人事、教育、顧客満足、安全防犯などの状態）と次月に向けての取り組みなど

会議資料の作成を通して副店長の目論見《もくろみ》を知り、店長がそれをチェックしてフィードバックするのです。このやりとりを繰り返せば、かなり成長していくはずです。

お店の規模によっては、副店長や社員がおらず、店長とアルバイトスタッフだけというところもあります。そういう場合も、店長の右腕となるスタッフを育てることは重要です。

アルバイトでも優秀な人はたくさんいます。長年働いているパートの方など、とても鍛えられている人がいます。あまり出しゃばらない人が実はすごいスキルを持っていたりすることもあるでしょう。そういうスタッフを、店長業務を教えながら育てていきます。育てる中で自分の業務の整理もついていくでしょう。

◎店長の苦手を、副店長が補う関係づくり

副店長というのは、店長にとって、「自分に足りないところを補ってもらう」という機能もあります。自分が苦手なところ、弱いところをバトンタッチしてやってもらう、協力してやってもらうのです。たとえば、自分が数字が苦手だというときに、副店長に、「数字分析をやってもらえる？　私もやってみるけど苦手で勉強しているところで、間違いなくあなたが分析したほうが精度が高いんだよね」

と、お願いします。こうして副店長に自分の苦手なことを頼んで、自分は他の仕事を進めましょう。店長の本来発揮すべきマネジメントを代行してやってくれていると思えばいいのです。自分にその機能を果たせないと思うのであれば、誰かにやってもらうしかありません。そういうときに、任せることができる副店長を育てておくのです。

私は副店長を対象にした研修も主催することがあるのですが、副店長たちには、「店長の補完機能を持ちなさい。副店長が変化して、店長の弱いところを補わないとダメです」と話しています。

特に、副店長にはフレキシブルに動いてもらいたいと伝えます。店長の弱いところ、どうしても欠けてしまって入らないところ、パズルでいうと「ピースが足りないところ」に、副店長はその都度カタチを変えて入ってもらわないといけないからです。そうやって

副店長に補ってもらわないと、店長はただただ忙しくなってしまいます。

できれば、副店長に細かい指示を出してもらったり、厳しいことを言って注意してもらったりして、店長はお店全体のモチベーションを上げる役割をするほうが、組織はうまくいきます。副店長に細かい仕事をお願いできるようになれば、店長はもっと他のところに目を配れるようになります。

ちなみに、副店長を信頼しないとお店のピラミッドが成立しなくなりますから、その点は注意が必要です。副店長との間に信頼関係を築くことはマストだと思ってください。副店長と関係がよくないと仕事を振ることができないですし、変な派閥をつくられたりするとやっかいです。

◎副店長が強いお店になるかどうかは、店長次第

副店長はお店のキーマンともいえます。もし問題児のような人だったら、まずはしっかり店長から働きかけて教育します。指導をしてもなかなか副店長が変わってくれないようであれば、やはり上司に相談して人事異動を頼んでみます。

大事なのは、好き・嫌いで判断しているわけではなく、こういうことがあり、期限を与えて改善を促しても変わらなかったという事実があり、経営理念に基づいて判断したとき

の対応として人事異動をお願いする、ということです。「これはまずい」と店長が思うようであれば、そういう人が組織にいると組織全体にも影響してくるからです。

このように、副店長というのは非常に重要ではあるのですが、難しいポジションです。だからこそ、しっかり副店長としての役割を果たせている人は相当鍛えられているため、他のポジションでも力を発揮することができるのです。

特にスーパーバイザーでうまくいく人というのは、副店長として成功した人が多いと感じています。副店長もスーパーバイザーも、間に入ってあちこちをコントロールしなければならない役割だからです。

店長は最後に自分でジャッジをすることができますが、副店長はジャッジできません。だからこそ副店長は、店長といかに連携をはかるか、部下をいかにうまく使うか、そういうコントローラーの役目がうまくできるかどうかが問われています。

それだけ重要なポジションである副店長がうまく機能していれば、店長に時間のゆとりが持てるのでお店は強くなりますし、副店長自身も非常に鍛えられるのです。

悩み24 もっと店長として成長するために勉強すべきことを教えてください。

答え

マーケティング、心理学、正しい思想の3つを勉強しましょう。

◎売れる「仕組み」を学ぶことが重要

店長として成長するために勉強すべきことは、ズバリ3つ。まず1つ目がマーケティングです。いきなりマーケティングと言われて面食らった店長もいるかもしれませんが、要は売れる仕組みをきちんと研究しておいてほしいのです。

堅苦しく考えず、売れているお店はなぜ売れているのか、繁盛店を見に行って研究してください。繁盛していれば同業でなくてもかまいません。休日にダラダラと暇な時間があるなら、人気のお店に行って、「なぜだろう?」と疑問を持って見てみることです。

疑問の目を持って見ていれば、気づくこと、わかることがいろいろあります。「あの看板がかなり目立っているな」「店員の接客が抜群だ」「清潔感がある」など、売れる要素を1つでも見つけて自分のお店の参考にしたり、取り入れてみたりしましょう。

また、自分のお店はなぜ商売を続けられているのだろう？　何がお客様に支持されているのか、競合他社と比べて何が強みなのか？　それらを改めて整理してみると自店舗の戦い方（勝ちパターン）が理解できます。

◎心理学の勉強はマンガでOK

２つ目は心理学です。こちらもハードルが高そうにみえますが、これはコミュニケーションが重要な店長だからこそ、人間心理をきちんと読み取れるようになってほしいということです。しかしこれも、いきなり専門書など読まなくても学べる方法があります。

私がおすすめしているのが、マンガを読んで学ぶ方法です。アドラー心理学やＮＬＰ（神経言語プログラミング）など、マンガでわかりやすく解説されている本がいくつも発売されています。

【例】

- 『マンガでやさしくわかるアドラー心理学』（日本能率協会マネジメントセンター）
- 『マンガでやさしくわかるＮＬＰ』（日本能率協会マネジメントセンター）
- 『マンガでやさしくわかるアサーション』（日本能率協会マネジメントセンター）

まずは、どのような人間の心理があるのかということを知るためには、マンガでＯＫです。もちろん興味がある人は、しっかり勉強してもらってかまいません。

コーチングやカウンセリングなどは心理学の延長です。人間心理がきちんとわかったうえでコミュニケーションがとれて、その上にコーチングなどのテクニックが重なることで効果が発揮されるので、ベースとなる心理学は絶対に学んでおいてもらいたいです。

◎「あの人だったらどうするか?」

3つ目が、正しい思想、正しい考え方を学ぶことです。

「正しい」といっても、「絶対にこれじゃなければダメ」というものではもちろんありません。誰でもいいので、自分にとってピンとくる人を探してください。

たとえば松下幸之助さんや稲盛和夫さんでもいいですし、マザー・テレサやガンジーでもいいです。経営者や歴史上の人物など、ジャンルは問いません。直感的に、「これって正しいよな」と思える人の本を読んで、その思想や考え方を学ぶのです。

先述した「これだと思う本に出会うまで読み続ける」と同じですが、自分が「正しい」と思える人に出会えるまで、とにかく本を読んで見つけましょう。

そして、厳しい局面に立たされたときに、「もしあの人だったら、どういうジャッジをするだろうか?」と思い浮かべてください。「松下幸之助さんだったら、きっとこうするだろう」と判断することができれば、絶対に間違った方向へは行かないはずです。そういう軸となる正しい思想を持つことは、非常に大切なことです。

これら３つは、寝る間を惜しんで勉強したほうがいいと私は思っています。いつもより30分長く寝る時間があったら、15分は本を読んでください。この３つの勉強はマストでやってほしいと思います。

店長に必要な勉強というと会計などを考えるかもしれませんが、会計は基本的な知識があれば十分です。専門の部署がありますのでそこにお任せしておけばいいのです。しかし、ここで紹介した心理学や正しい思想については、どうしても人間性が出てしまうことなので、人間性を鍛えるためにも必要です。

店長からエリアマネジャーになっても、あるいはまったく違う仕事に就いたとしても、役に立たないものではありませんから、ぜひ貪欲に学んでください。

第3章

店長の壁・その3
採用・人事の壁

悩み25　いいアルバイトがなかなか見つかりません。

答え　そんな都合のいい人はいません。だから、普通の人を採用して育てましょう。

◎不採用基準を決めておく

お店のマネジメントで最も大事なことは、採用・人事です。スタッフを採用して定着させていくことで人事が安定し、そこからマネジメントを行っていくわけですが、そもそも人がいなければマネジメントも何もありません。ですから、まずは人をきちんとそろえることです。

しかし、いい人、いい人材を求めたい気持ちはわかりますが、そういう都合のいい人はなかなか出てこないものです。「棚からぼた餅」みたいなことはそうありませんから、いいアルバイトを採用しようと思っていると、いつまで経っても集まらないでしょう。

それではどうすればいいのか。それは、普通の人を採用して、いいアルバイトに育てればいいのです。このときに考えてもらいたいのは、不採用基準です。

飲食業や小売業、サービス業などの店舗で働く仕事というのは、大人気のアルバイトとはいえません。応募者自体も少なく、離職率も高いため、常に人材不足に悩まされている企業ばかりです。そういう業種ですから、いい人材がどんどん応募してくれるようなことは考えにくいでしょう。出勤日や前職の経験、やる気といった項目を採用基準に考えて絞っていけば、相当間口の狭い人を求めることになりますが、すべての基準を満たすような都合のいい人はいません。

そこで、「こういう人だったら採用する」ではなく、「こういう人だったら採用しない」という不採用の基準を持っておくのです。この不採用基準に引っかからなかったら基本的に採用する。とにかく採用者数を増やし、そこからいい人材に育てていくスタンスです。

ある意味、最低限の基準なので、「面接に遅刻してこない」「面接のときにちゃんと目を見て話せる」「履歴書の内容に嘘がない」「身だしなみが悪くない」など、いくらなんでもこれだけは譲れないという基準を決めて、及第点が取れたら採用します。

「たくさんシフトに入ってもらえるフリーターがいい」「すぐに即戦力になってもらえる経験者がほしい」などと言って募集をかける店長がいますが、そんな理想を言っていてもそう都合よくはいきません。

有料求人媒体を使って募集をかけるだけでも、１回で少なくとも８万～20万円程度かかるので、それで1人も採用にいたらなかったら、それこそ募集費のコストを丸々ドブに捨てているようなものです。そうならないためにも、不採用基準を設け、まずは採用数を増やすところから始めてください。いい人材を採用するというより、悪い人材を採用しないことを意識してほしいと思います。

逆に、どんなにお店の都合に沿ってシフトに入れる人でも、不採用基準に該当したら絶対に採用してはいけません。苦しまぎれの採用は後々さらに苦しむことになります。

悩み26 募集をかけても面接に応募してくる人がいなくて困っています。

答え

紹介やスカウトなど、コストをかけない方法から試してみましょう。

◎まずは紹介してもらうことから

「募集をかけても面接に応募してくる人がいない」というのは、私に言わせるとそもそもの発想が間違っています。ポスターや広告媒体を使って募集をかけ、面接して採用する、というスタンス自体に甘さが見られます。

募集記事というのは丸々コストなので、できれば使いたくないものです。日本に企業は412万社（総務省・経済産業省 平成24年経済センサス）ありますが、もし全社が有料求人媒体に募集広告を出していたらとんでもないボリュームになるでしょう。

しかし実際はすべての企業が有料求人媒体に募集広告を出しているわけではありませんから、必ずしも有料求人媒体に頼る必要はありません。まずは費用をかけなくても採用できるやり方に集中すべきであると考えます。

採用の基本は、ずばり「紹介」です。店舗には、日々お客様がいらっしゃいます。スタッフもいます。お取り引き業者様もいます。出入りする人が多いのですから、店舗に関わる人から紹介してもらうのです。まずは今働いているスタッフの知人や友人などを紹介してもらいましょう。

「今人数が足りないから1人アルバイトを雇いたいんだけど、あなたの周りにアルバイトしたい人っていないかな？」

「もしバイト先を探している人がいたら、うちのお店を紹介してもらえないかな？」

まずはこのようにスタッフに紹介を頼んでみます。すでにそのお店で働いている知人・友人からの紹介となると、新しく働くときの不安や抵抗感が少なくなり、「一緒に働きたい」と思ってもらいやすく、採用につながりやすい方法です。友人も働いているとなると、友人が積極的に仕事を教えてくれますし、シフトの穴埋めをお互いにしてくれることもあるため、定着率も高くなるという大きなメリットもあります。

また、場合によっては常連のお客様に、「うちのお店で働いてみませんか？　今、アルバイトを募集しているんです」と声をかけてみるのもＯＫです。馴染みの飲食店などであれば、スタッフのことも知っていますし、お店の雰囲気や仕事内容もすでにわかっているため、そこから「働いてみようかな？」と考えてくれるお客様というのは珍しくありません。

お金をかけて募集活動をする前に、紹介してもらうというのが大前提です。募集ポスターなどをつくったりすればお金がかかりますが、声をかけるというのはお金がかかりません。まずは声をかけての採用活動を積極的に行ってみましょう。

◎スカウトもヘッドハンティングもあり

日本は憲法で「職業選択の自由」が認められていますので、近隣のお店や同業他社へ行ってスカウトする方法もあります。他社で働くアルバイトをヘッドハンティングすることも、本人の了解が得られれば問題ありません。

よく行くお店にとても気の利くいい接客をする店員さんがいたので、「あなたみたいな店員がうちには必要なんだ」と、通いつめて熱心に口説いたら、自分のお店で働いてくれることになった、というのは実はよくある話です。「いいな」と思える店員を見つけたときに、そうやってスカウトするのもまったく無謀なことではないのです。

他にも、アルバイトで働いている学生さんの友人をお店に招待してご馳走し、「どこでバイトしてるの？　時給はいくらぐらい？　今の時給にもう１００円上乗せするからうちのお店で働かない？」と提案してみる方法だってあります。

時給１００円アップは、アルバイトとして働く側からすると、かなり魅力的な条件に感じます。他の条件があまり変わらない場合、最終的には時給の高さで決める人が多いのも事実です。雇う側からすると、１００円アップしても１００時間働いてもらって1万円プラスになるだけです。

広告をつくって募集をかけると10万円ぐらいはかかります。時給を１００円アップした分が10万円に達するのは、１０００時間働いてもらったときです。両者を比べると、10万円かけて募集をして空振りに終わるよりも、時給を１００円アップしてスカウトするほうが安くすむことは明らかです。それこそ、空振りしてしまったら完全にゼロなのです。こうした条件提示も、スカウトの際には効果を発揮します。

悩み27 人が集まるアルバイト募集の広告をつくるコツは？

答え 店長である自分が、「このお店で働きたい」と思える募集内容にすることです。

◎地域の相場、効率のいい媒体を調べる

大前提として、募集広告をつくっている店長のあなたが、その広告を見て、「応募してみよう」「このお店で働いてみたい」と思える内容になっているかどうかが重要です。

私のところに採用について相談に来る店長ほど、「自分のつくった広告を見て、働きたいと思いますか？」と尋ねると、「いいえ」と答えるような的外れな内容を書いているものです。自分が働きたくないと思うような内容では、応募者がいるわけがありません。自分のお店の都合ばかりを押しつけるような内容になっていないか、客観的に見てください。

応募者が集まらない広告は、たいていの場合が研究不足だと感じます。たとえば、あなたは自分のお店があるエリアの他店の時給相場がどのくらいか、知っていますか？

時給は会社によって決められていますが、たいていがエリアごとに設定されていますの

で、その地域の相場観は把握しておいてほしいのです。都内だと、新宿、渋谷、六本木などの時給は高めの設定です。吉祥寺や二子玉川などは少し下がります。

時給の相場観については、求人媒体がデータを持っています。リクルートやアルバイトニュースなどでは地域単位での平均時給などを掲載していて、何区の何業だと平均でいくらかが調べればわかります。そのエリアの平均より低い時給では厳しいと思いましょう。

特に、住んでいる人が少ないようなエリアは、そもそも人がいないので採用が難しくなります。働いてもらおうと思うと、わざわざ出てきてもらわないといけないからです。そうすると、自転車10分圏内でパートを探す主婦層の獲得は難しくなります。店の界隈が通学ルートになっている学生を狙った時給を考える必要があるでしょう。

また、求人媒体にはさまざまな形態がありますが、何を使うと1番応募が来るのかを把握しておくことも重要です。インターネットサイトやフリーペーパー、ポスターなど、どこで自分のお店の求人広告を出すと反応がいいのか、考えたことはありますか？　コストがかかることですから、効率のよい媒体を使いたいところです。

「こういう打ち出しをして何人の応募があった」という結果を記録しておきましょう。費用と問い合わせ件数、面接件数、採用件数といったことを記録し、計算しておけば、最も効率のよい媒体がわかってきます。

◎働いてほしい対象に伝わらなければ意味がない

あなたは自分のお店で、どんな人に働いてほしいのでしょうか。学生アルバイトさんなのか、パートが可能な主婦の方なのか、いつでも長時間入れるフリーターの方なのか。募集をかける対象にあった募集内容にしないと、なかなか集めたい対象に伝わりません。

集めたいターゲットが広すぎても、狭すぎてもいけません。広すぎるのは、誰でもよさそうな広告です。一見、間口が広くていいと思うかもしれませんが、誰でもいい雰囲気だと逆に応募しづらいところがあります。「30代ぐらいまでの経験者で、指定の時間帯で働ける人材」など、あまりにも絞ると、該当する人が限られすぎてしまいます。

重要なことは、求めている人材の対象が主婦なら主婦、学生なら学生に、「この求人対象は自分のことだな」と思ってもらえる内容です。それぞれ対象によって、募集の打ち出し方を変える必要があるのです。どういう内容だったら応募しやすいか、それぞれの対象の目線に立って考えてみましょう。

もし、主婦の方を求めているのであれば、保育園が終わる時間には仕事も終わらないといけないはず。そうであれば、「1日4時間、14時まででOK」「平日のみ、3時間限定」といった打ち出し方をすることです。学生さんが対象となるなら、学校が終わってからでも働ける時間、たとえば「夕方からの勤務可」といった打ち出し方です。曜日や時間帯をイメージしやすい内容にすることがポイントです。

これが、「平日6～7時間勤務」「週4日以上」「長期間勤務希望者のみ」などとなると、「これはフリーターの人が対象で、自分にはあてはまらないな」と思われてしまい、応募されない可能性が高いです。「主婦の方歓迎」「学生アルバイト募集」など、思いきって限定するワードを掲載するくらいのほうが、対象者は応募しやすいのです。

ちなみに、フリーターはどこの店舗でもほしい人気の人材なので、採用が最も難しいです。競争率が非常に激しいので、本当に採用したいのであれば、勝てる戦略を持って戦う必要があります。時給を上げたり、労働条件をよくしたり、その他の支援を充実させるなど、条件面を整えることです。フリーターの方が応募してきてくれたらラッキーぐらいのつもりでいてください。

◎競合他社はどうなっているか？

募集広告をつくる際には、競合他社の情報も押さえておく必要があります。自分の店舗と同じような業種、業態で、近隣のお店よりも時給が低いというのはよくありません。

誰もが知っていて働きたいようなブランド力がある店舗であればいいですが、そうでない店舗は条件が勝負を決めることになります。競合他社と比べて優位性がある条件になっているかどうか、見劣りするようなら条件の見直しをはかりましょう。

飲食店でも、たとえば「フレンチのお店のシェフ」や「マネジャークラス」といった人材の採用は、非常に厳しいものがあります。飲食系のサイトでシェフ募集の記事を全部チェックして、報酬はいくら出しているのか、休みの条件や労働環境などを比較し、1番いいレベルにまで条件を高める努力をしてほしいと思います。

インターネットなどで募集記事を掲載するときには、他社の募集記事もきちんとチェックします。どういう打ち出し方をしていて、どういう魅力的なキャッチコピーやデザインを使って目立たせているかなどを見比べ、応募する側の立場だったら自分のお店を選んでくれるかどうか、考えてみてください。

写真の使い方も重要です。若い男子学生がほしいと思ったら、同じ世代ぐらいの男女が一緒に仕事をしている写真を掲載します。主婦がよければ主婦の方を載せるなど、対象とする人材の写真を使うのです。また、店長の顔がわかる写真を載せれば、どういう人が自分のリーダーになるのかがわかり安心感を出すことができます。

求人情報へのアクセスのしやすさも比べられるポイントなので、店内にポスターを掲示するのであれば、求人情報が簡単に持ち帰れる工夫もほしいところです。ポスターにＱＲコードをつけておいて、そこから応募ができるようにしたり、パッと持ち帰れるような小さなカードも一緒に取りつけておいたりといったことが考えられます。

こういった工夫をしないと、数ある求人広告の中で目を引くことはできません。他の広告と比べてパッと見て見劣りしているようでは、スルーされてしまいます。こだわるべきところは、しっかりこだわることです。

悩み28　技能系・専門系の職種。定着率が下がる一方なのですが……。

答え　獲得競争が厳しい職種では、最初からキャリアパスを見せましょう。

◎具体的なキャリアパスの掲載でポイントアップ

調理師や美容師など、特殊な技能や資格が求められたり、専門の仕事ができる人を集めるのは、ますます大変です。そういった専門職の求人を行う際には、働く側がメリットを感じられる内容が求められます。

専門職の場合は、労働を提供して報酬を得るだけではなく、どんなスキルが身につくかが、非常に重要です。教育制度やキャリアアップの仕組みなどをきちんと打ち出しているかどうか、このあたりが応募する際に他社と比較される条件になります。

たとえば、国家資格が必要な美容師の場合、全国には美容室が20万軒もあるので獲得競争が非常に激しくなっています。独立する人が多いので店舗自体はすごい数がありますが、美容学生は減っているため人材不足に陥っています。美容学校の卒業生などは本当に獲り合い状態です。

他社と差別化をはかるために、ホームページなどで教育プログラムをかなり具体的に掲載しているところも多いです。3年でこういうステップを踏み、5年でスタイリストに昇格するなど、キャリアパスが見えるほうが頑張ろうという気持ちになります。

いつまでアシスタントの期間が続くのかわからず、給料も上がらない状態で先も見えてこなければ、定着率は下がります。応募をする段階で細かいキャリアパスの情報をオープンにしておくことで、そういったミスマッチを防ぐのです。

人材は、採用するというよりは、獲得するものです。研究をし、戦略的に募集をかけないと獲得競争に勝つことはできません。それこそ新規のお客様を獲得するのと同じで、「こういう人に来てほしい」と思ったら、どういう打ち出しをしたらいいのかを必死に考える。その努力を惜しまないでください。

悩み29 面接にやって来ず、連絡もとれなくなるケースが後を絶ちません。

答え 面接までに時間が空いていたり、電話の応対が悪かった可能性があります。

◎面接までの期間と電話応対の内容がカギ

面接にやって来ない、連絡もとれない、そういう人のパターンは、応募連絡があってから面接までに時間が空いている場合がほとんどです。応募連絡があったときは、その場で直近の面接アポイントをとることが重要です。

アルバイトを選ぶとき、複数の会社に応募するのは珍しくありません。飲食店なら飲食店で、いくつかのお店に応募します。そして、最初に採用されたお店に決めてしまうのです。若い方の傾向で考えると、他社に決まった場合は連絡がとれなくなります。なぜ連絡をしないのか、アンケートをとると「面倒だから」という理由がダントツです。断ることがストレスなので、電話がかかってきても出ません。

こうした時間の問題が、連絡がとれなくなる1番大きな要因です。2番目として考えられるのが、「アルバイトの募集を見て、応募したのですが……」と最初に店舗に電話をしたときの店舗側の対応が悪かった場合です。

電話を受けたスタッフの電話で話す感じが悪かったり、長く保留をされて待たされたり、要領を得ない対応をされたりすると、応募者は、「この店舗、印象悪いな。やっぱり他のお店にしようかな」と思うでしょう。そうなると、わざわざ面接に行きませんし、断りの連絡を入れることもしないはずです。

「いくらなんでも電話応対ぐらいちゃんとできるだろう」と思った方は、1度、自分のお店にアルバイトに応募するフリをして電話をかけてみてください。実際、私のクライアント企業の人たちにも、自社の店舗に電話をかけてもらうことがあります。

「アルバイトが集まらない」と言っているお店の本部スタッフに店舗に電話をかけてもらうと、「これじゃあ来ないよ」と対応のまずさに驚かれます。まずは自分のお店の実態を把握しましょう。

◎スムーズに面接日を決めるための準備を怠らない

応募したい人から連絡があったら、明るく丁寧な応対で、直近の面接日を押さえること。これが面接まで進む確率を上げる方法です。この対応がいつでもできるようにするためには、事前の準備が欠かせません。

まず、店長が面接可能な日時をスタッフ全員が共有することです。これは、店長が事前に面接できるスケジュールをまとめれば簡単にできます。シフト表にわかるように記入してもいいですし、面接可能な日時だけを書きだして一覧にしておいてもいいでしょう。

そして応募の連絡があったら、直近の日時から面接可能かを尋ねて予定を決めます。日時が決まったら、その日に面接に来る人の名前を書き足しましょう。これなら店長がその場にいなくても、電話に出たスタッフが面接の予定を確定させることができます。

さらに、電話応対の練習もしておきましょう。電話の場合は顔が見えないので、とにかく明るく元気に、ウェルカムな様子が伝わるような応対ができるようにしなくてはなりません。スタッフたちにお手本を見せて、きちんと応対できるようになるまで練習させます。

電話応対表もつくります。年齢や学生なのか・主婦なのかなど、最低限聞いておいてほしいことをまとめましょう。さらに、写真付きの履歴書といった当日持ってきてほしいもの、お店までの道順など、店舗側から伝えておくべきことも加えておき、とにかく電話に出たそのスタッフが最後まで１人で応対できるようにするのです。

ここまで準備すれば、面接を受けに来ないといった事態は相当減らすことができます。採用が厳しいという業種ほど、準備する努力を怠らないことです。

悩み30　採用しても、出勤初日にお店に新人が来ないことがあります。

答え

募集内容と実際の店舗の様子にギャップがあったのかもしれません。

◎採用から出勤日までの期間もできるだけ短くする

面接に来ないパターンと同じで、「採用します」と伝えてから初出勤の日までの期間が長いと、来なくなる確率が上がります。出勤日まで期間が空くと、その間に、「自分にできるだろうか」と不安になってしまったり、他のアルバイトの面接を受けたり、もっとよさそうな仕事が決まってしまうことがあるからです。そうなると、また連絡もなく当日現れない、という事態になってしまいます。

これを防ぐためには、採用を決めたらできるだけ早く、可能であれば翌日にでも初出勤日を設定しましょう。基本的には店長が出勤している直近の日に来てもらうようにします。

もし数日空いてしまうのであれば、前日に電話やメールで連絡を入れることです。「明日は初出勤ですね。場所は大丈夫ですか。持ち物は特にありませんが、動きやすい服装で来てください。スタッフ皆で待っていますよ」。こういったフォローアップを忘れないようにします。

初日にオリエンテーションだけを行うのか、業務をやってもらうのかは、その企業のルールによりますが、とにかく店長がいて、新人アルバイトの都合が合う１番近い日を初出勤日と決めてしまいましょう。

◎ウェルカムな雰囲気で迎えられているか？

初日に来ないというのは、面接のときに行った店舗の様子が悪かったということも考えられます。面接をする店長の感じが悪いというのは、当然アウトです。威圧感があったり、怖そうな雰囲気では働きたい気持ちがしぼんでしまいます。

店舗で働くスタッフたちの様子も大きく影響します。面接を受けに来た人がいても、誰も挨拶したり声をかけたりせず、「どんな人が来たの？」と好奇な視線を浴びせるといったことがないでしょうか？　緊張しながら面接に行ったのにそういう対応をされてしまうと、お店に対する印象が一気に悪くなります。

スタッフたちは、その日に面接が行われることを知っているはずです。そうであれば、スタッフのほうから積極的に声をかけてほしいと思います。

「こんにちは！　面接を受けに来た方ですよね？　バックルームに案内します。店長を呼んでくるので座って待っていてください」。こんなふうに明るく元気に声をかけてもらうだけでも安心します。１人のスタッフがきちんとした対応をしても、他のスタッフが無愛想ではいけません。お店全体でウェルカムな雰囲気をつくるように心がけましょう。

◎募集内容とギャップがあるのは致命的！

「やりがいがあって、楽しく働けます」と募集記事に大きく書かれていて、「よさそうかも」と思って実際に見に行ってみたら、お店の雰囲気は暗く、スタッフたちも面白くなさそうに働いていた……。こういうお店、実は結構あります。

「なんだ、書いてあったことと全然違うじゃないか」と思われると、採用後に辞退されてしまいます。わざわざ雰囲気のよくないところで働く理由もないですし、アルバイトの求人は山ほど出ていますので、最終的には応募者のほうがその店舗で働くか・働かないか、選ぶことができるのです。

そのような事態を避けるためには、募集内容と実際の店舗のギャップをなくさなければなりません。求人サイトにあった写真は若い人が多そうだったのに、行ってみたらそうでもなかった、ということもあります。古い写真を使いまわしているところはすぐに新しいものに替えましょう。

また、働いている人や店舗の雰囲気以外にも、募集内容と実態とのギャップに気を配る必要があります。募集内容の条件に納得したから応募しているのであって、面接時や採用時に説明された労働条件が、書かれていた内容と異なるようではいけません。

たとえば、採用されてから、「最初の3カ月は研修期間のため、時給が安くなります。研修中の様子によっては、採用を取り消すこともあります」と言われたりすることがあります。募集記事にはそういったことがまったく書かれていない場合がありますが、採用されてからそんな説明をするのはずるいと感じませんか？「それならこのお店に応募しなかったのに……」と思う人もいるでしょう。

相手の期待を上回るギャップはいいですが、下回るギャップがないように、募集内容と面接時・採用時の説明が一致するようにしましょう。研修期間などがあるのなら、最初から募集内容に盛り込みます。アルバイトだからと簡単な内容だけにせず、自分が応募する立場に立ってギャップがない状態になっているかを確かめてほしいと思います。

悩み31 本部が一括採用しているのですが、うまくいきません。

答え

採用を「人ごと」にしていませんか？本部に採用に関する要望を伝えましょう。

◎本部と店舗の実態にギャップがあることも……

店舗数の多い企業などは、採用を本部が一括で行っている場合があります。店舗ごとに店長が面接をするのではなく、エリアごとにアルバイトの募集をかけて本部の人事担当が面接を行い、採用者をエリア内の店舗に振り分ける方法です。

もし慢性的に人手不足で募集をかけ続けているのであれば、本部で一括採用をしてもらったほうが効果的でしょう。

ただ、こうした一括採用は、効率や費用対効果の面で見るといいかもしれませんが、実際は店舗ごとで採用をしたほうが応募者の反応がいいと感じています。エリア内のどの店舗で働くかわからないとなると、募集内容が響きにくいからです。店舗ごとのほうが、店長の顔やスタッフの写真などを掲載したり、学生が多い地域など、その地域の特性にマッチした募集内容にすることができます。

本部の説明と店舗の実態には、かなり差がある場合もあります。本部は仕事の細かい内容を把握せず、「簡単な仕事だから大丈夫」などと話して採用し、現場に行ってみたら説明と異なり、覚えることがたくさんあって本当にきつい仕事だった……こうしたギャップが生じることもあるので、本部と店舗で事前に実態のすりあわせをしておきましょう。

◎店長のほうから要望を出すべき！

「本部の一括採用だと、なかなかうちのお店にいいアルバイトが来なくて困っています」と、私のところに相談に来る店長に対しては、いつもこう聞き返しています。

「本部はどんな媒体を使って募集をしているのですか？」

すると半分くらいの店長が「さあ、よくわかりませんが、ネットじゃないですか？」といった感じで、本部がどういう募集をしているのかわからないと答えます。採用は本部の仕事なので、自分には関係ないと思っているのでしょう。続けて尋ねます。

「募集内容をこうしてほしいと、本部に要望を出していますか？」

この質問には、ほぼ全員が「出していません」と答えます。本部の採用方法にいろいろと不満があるにもかかわらず、それを誰も伝えていないのです。

会社が一括採用のために作成する募集記事は、全体最適を考えた内容です。店長のほうから要望を出さない限り、地域特性や店舗独自の内容にするようなことはしないでしょう。すべてを本部にお任せしていて、どこの媒体に募集記事を出しているかも知らない、どんな内容なのかも見ていない。そんな店長が、「採用がうまくいかないのは本部のせいだ」と言うのはおかしいと思いませんか？

「うちの店舗は、こういう募集内容だと絶対に応募が来ません。こういうふうにしてほしいです」

といった要望を伝えましょう。おそらく媒体や内容を決める権限はスーパーバイザー以上の人たちだと思いますので、まずはスーパーバイザーに要望を伝えることです。

採用がうまくいかないことを本部のせいにして愚痴を言っているようでは、昇格も望めません。他責をせず、店長の自分にできることを考えて実行してください。

悩み32 「アルバイトの定着率をもっとよくしろ」と上司に怒鳴られました。

答え 定着率アップのポイントは、尊敬される店長、スタッフ間の人間関係、正しい評価の3つです。

◎人として尊敬される店長になれているか？

せっかく雇ったアルバイトの人に長く働いてもらうために、店長としてできることがあります。アルバイトの人たちから尊敬されるような存在になることです。

「アルバイトに求めるものは何ですか？」というアンケートを学生にとると、「社会経験」という答えが1番多く返ってきます。学生のうちにアルバイトを通じて社会経験を積み、コミュニケーション能力を上げたり、社会性を身につけたりしたいというのが理由です。

というのは、就職活動の面接の際にアルバイトについて聞かれることが多いからです。キャリアアップに貢献するようなアルバイトをしていることがポイントになるので、そこで働くことで給料以外に得るものがなければ、辞めてしまう可能性が高くなります。

そうならないために重要なのが、店長の存在です。店長から仕事以外にどういうことを教えてもらえるか、たとえばマナーや社会人としての考え方、仕事に対する姿勢などについてインプットできるお店では、すぐに辞めたりすることはありません。

一緒に食事に行っていろいろな話を聞かせてくれる、悩みに対してアドバイスをくれるなど、尊敬できる、見本となれる姿を見せていくことです。自分より立場や年齢が上の方たちから学べること、勉強できることがあると、学生アルバイトの定着率は上がります。

そのために、店長は一人ひとりのスタッフとコミュニケーションをとる時間を確保しましょう。スターバックスの店長さんは、4カ月に1度、全従業員と1時間の面談をしています。それだけ面談を重視しているからこそ、スターバックスの従業員定着率は高いのです。面談を通じてスタッフとの関わりを増やし、大事なスタッフだと思っていることを伝えて、仕事の目標を持たせていきます。この時間もとても重要です。

店長のあなたが休憩時間に疲れきった顔をしていたり、ダラダラと週刊誌を読んでいたり、愚痴をこぼしたりしていないでしょうか。時間は限られていますから、誰と一緒に過ごすかというのは非常に重要です。「この人からいい影響は受けないな」と思われてしまうような姿を見せないように気をつけてください。

◎スタッフ間の人間関係のマネジメントも店長の仕事

一緒に働くスタッフたちの人間関係も、定着率には関わってきます。店長は、スタッフ同士の人間関係について敏感になり、仲良くなるようなイベントを開いたり、スタッフ間の関わりを増やすような機会をつくるなど、不仲の空気をつくらないようなマネジメントを心がけてほしいと思います。

もし本当に不仲のスタッフがいたら、シフトを一緒に入れないなどの配慮を店長がするべきです。私のクライアント企業でも、女性のパートさん同士の仲があまりにも悪く、店長がシフトを分けるようにしていたのですが、自分が休みの日にうっかりシフトがかぶってしまったところ、殴り合いの喧嘩にまで発展してしまったことがありました。そういった事態を起こさないためにも、不仲については店長は特に敏感に察知しておくことです。

一方で、スタッフ同士の仲がよすぎるというのも考えものです。楽しくするのはいいですが、ルーズになって仕事が遊びにならないように注意します。仕事が終わってから遊びに行くのが頻繁すぎたり、スタッフ何人かで休みを合わせて出かけてしまわれると、お店としてもダメージが大きくなります。そこまでにならないように、店長がしっかりとマネジメントをきかせます。

マネジメントがきいているから、スタッフ全員の仲がよく、お店にも協力的になってくれる、店長が尊敬されているうえでスタッフ全員の仲がよいというのが理想の店舗だといえます。人間関係のマネジメントがきかないと、定着率も下がると思ってください。

◎制度に従って正しい評価をすること

評価がきちんと行われることも、長く働いてもらうためには大切です。評価制度がしっかりしているところはいいですが、そうでないところは改める必要があります。

スタッフそれぞれの仕事ぶりもよく見ないで、店長の好き・嫌いで評価点が決まってしまう、それがスタッフ間でわかってしまうような状態ではいけません。あのスタッフは時給がどんどん上がっている、サボりがちなあの人と自分が同じ評価点になっている、そういうことがわかると嫌気がさしてきます。いい加減な評価をされるような職場では、誰も働きたいと思わないでしょう。

また、人件費が圧迫されるのを嫌い、スタッフの評価をわざと低くすることで時給を上げないようにする店舗があります。「時給９５０円～」と募集記事には書いてあったにもかかわらず、3年働いてもまったく上がらない、なんてことがあったりするのです。

アルバイトの場合、10円単位でもいいので時給が着実に上がっていくことがモチベーションにつながります。一気に増えてもそこからずっと上がらないと不満になるので、少しずつ確実に上がっていくことが重要です。

こうした問題が起こるのは、店長が人事制度を理解していなかったり、履き違えていることが原因だと考えられます。

入社のタイミングによって評価の時期が異なる場合は、店長が誰がいつ評価対象になるのかを把握しておく必要があります。ところが、それを把握できていなかったり、制度の理解がないため、評価対象を勘違いしてしまうことがあるのです。

また、「入社から3カ月が経った人は、いつでも店長が評価申請できる」といった仕組みになっている場合があります。すると、毎月こまめに申請してくる店舗と1年に1度も申請してこない店舗に分かれます。これは本当に店長次第なので、「スタッフのほうから特に言われないから」という理由でほとんど評価申請をしないような店長もいるのです。

教育制度や研修制度を活用できていない店長もいます。昇給のための資格試験があるような企業でも、店長がその対策研修に応募しなかったり、研修があることをスタッフに知らせなかったりするのです。募集段階で研修があることを伝えているのに受けられないとなると、店長に対して不信感を持つようになり、最終的には辞めてしまうでしょう。

アルバイトの定着率には、店長の実力がハッキリと出るものです。店長が替わると、半年ぐらいで離職率や売上の数字も変わります。離職率が高い店長は、どこの店舗に異動しても離職率が高く、低い店長はどこへ行っても離職率を抑えます。
これは完全に店長の実力の差ですから、定着率を上げるためには、店長が面談をしてスタッフと目標設定をし、仕事を教えてキャリアアップをはかり、それを制度に基づいて評価し、時給として適切に返していく……、という基本的かつ最重要のことをやりきることが求められるのです。

悩み33 **バイトを何人雇っても人手不足が解消されないように感じてしまいます。**

答え

店舗の理想の体制を考え、それに基づく採用計画を立てましょう。

◎採用計画をつくって設定する

アルバイトを募集する際には採用計画を作成するところから始めましょう。その店舗で働くスタッフは何人が適正なのか、計算して必要な人数を確かめてから募集するのです。
採用計画は、店舗の収支がオープンになっていればそれをもとに、もしオープンになっていなければ会社の指標をもとに計算していきます。人件費率や人時《にんじ》売上高、労働分配率など基準値に則って決めましょう。経営陣の判断で、店舗ごとに使える人件費が計算してあれば、その基準内におさまる人数・労働時間にしなければなりません。

たとえば、売上見込みが1000万円で、人件費予算が30％となると300万円しか使えないことになります。社員の給料、法定福利、交通費を含めての300万円なので、社員が2、3人いるとそれだけで100万円程度がかかることになります。

そうなると、200万円でアルバイトを組むことになります。だいたい週に何回、何時間ぐらい働いてくれる人が理想かを決めて、週3回、1日6時間くらいがベストだとします。そこから計算していくと、何人体制にするべきかが導きだされてきます。

こうした計算自体は難しくないのですが、やらないお店が多いです。それでずっと、「人が足りない」と嘆いている店長がいますが、そもそも何人体制でいることがベストなのかをわかっているでしょうか？　アルバイトは時間がまちまちなのでわからないと思っていませんか？

理想の体制がわからないままでは、これでOKという状態になることがないので、いつまで経っても人が足りないと思うことになり、ゴールできません。まずは採用計画をきちんと立てて、理想の体制を考えるようにしてください。それがなければ、人手不足はずっと解消されないでしょう。

「お店が回らないので人を増やして売上を増やしたい」と考えて、アルバイトの採用人数を増やす店長がいますが、売上をいったいいくら増やせばいいのか、それさえ計算していないケースがよく見られます。現実的にはお金を払うのは会社ですからそのような状況が起こるのでしょうが、もし自分が払う側だったら、いくら売上を増やすために稼いでもらわないといけないのか、絶対に計算するはずです。

たとえば、人件費率の目標が30%だったら、要するに3倍稼いでもらう必要があるということです。時給1000円の仕事なら、1時間で最低3000円の売上を生んでもらわないといけないのです。その人が1日4時間勤務するのであれば、1万2000円の売上になるのか、そこが重要です。1万2000円になるならOKですが、そうでないなら採用してはいけません。

「人が足りない、採用したらきっと売上が上がる」と思い込んで採用したところ、むしろ人件費率が悪化してしまったり、人材がダブついて余ってしまったりするような悪循環に陥る可能性があります。

そうならないためにも、まずしっかりと計算をして、採用計画をきちんと立ててください。募集活動の準備はそのあとです。

悩み34 面接をする際に気をつけることはありますか？

答え
面接はお見合いです。条件のやりとりに終始しないように！

◎関心を持っていることが伝わるように

アルバイトの採用面接の場合、条件ばかりを要求するような面接が行われがちです。「いつ働けますか、何時間ですか、土日もできますか、年末年始も働けますか」と、とにかく条件ばかりを質問します。雇う側が求める条件に合っているかどうか、そればかりが面接における最重要ポイントになってしまっているのです。

条件のやりとりに終始しているようでは、なんのロイヤリティも生まれません。まさに、「あなたには関心がなくて、あなたが持っている時間に関心があります」と言っているようなものだからです。そうなると、時間の切り売りをすることになり、少しでも条件が合わなくなると、お互いに今回はやめるという結論になってしまいます。

「求める時間に合った人なら誰でもいい」と思い、よく相手のことを聞かずに採用すると、多少なりとも専門知識が求められるのに、そういった知識に乏しい人を採用してしまうこともあります。

書店なのに本や雑誌に詳しくなかったり、アパレルなのに流行のファッションに明るくなかったりすると、イチから何もかもを教えるスタッフも、雇われた本人も大変です。お客様が質問しても答えられずに、クレームにつながる可能性もあります。これでは誰にとってもいいことはありませんよね。

条件ばかりを聞かれると、応募者のほうは面接の段階で自分に対して期待感が持たれていないことに気づきます。自分のことを知ろうというような質問がなく、条件だけを聞き、労働契約書の順番に淡々と説明されると、自分に関心がないことも伝わります。その時点で、「ここでのアルバイトはやめよう」と思う人もいるでしょう。

そうではなく、もっと応募者に関心を持って面接に臨んでほしいと思います。「どういう仕事の経験がありますか？　やってみたい仕事がありますか？」というように、「あなたが持っているパーソナリティや能力に関心があります、今後どう成長してお店に貢献してくれるかに関心があります」ということが伝わるようなやりとりを心がけるのです。

面接はお見合いです。相手に対して関心を持って臨み、条件だけを見て決めることのないようにしましょう。

第4章

店長の壁・その4

売上・利益・顧客満足の壁

悩み35 いつも予算が高くて厳しいのですが、「目標」の立て方を知りたいです。

答え

予算が厳しいと言っても予算が低くなることはありません。

◎店長は「予算が高い」と言うべきではない

まず、前提としてお話ししておきたいことがあります。

そもそも、経営者以外の人が予算について「高い」「低い」などと言うこと自体がダメだと思います。予算は、経営計画を立てたうえで決めていきます。社員の報酬アップや設備の改装、新しい事業のための投資、何かトラブルがあったときのためにもキャッシュをプールしておかなければなりません。経営は短期・中期・長期の視野を持って行うことでリスクを回避し、成長していくのです。

皆さんの毎月のお給料が下がることはほとんどないと思います。売上実績が前年割れした分、皆さんの給与も同じように下げることは避けなければなりません。会社の成長があってこそ、自分の給料も上がるのです。

私のクライアント企業では、ほとんどの会社が次年度の経営計画を立てるための合宿を毎年行っています。その合宿では、社長以下役員・幹部が全員参加し、経営戦略や財務計画などの重要施策を２、３日がかりで立てていきます。

よく伊豆や葉山などで行いますが、これは遊びが入っているためではなく、集中して会議を行うためです。会社で行うと電話や来客で会議が中断するからです。私の経験上、ほぼすべての合宿は会議室で朝から夜中まで缶詰め状態です。経営陣は社員とお客様を守るために真剣に取り組んでいます。

社員も結婚したり出産したり、子どもが成長したり、毎年お金がかかるようになります。社員の給料を上げるためにも事業が成長しなければなりません。成長するためには新しい投資が必要です。売上・利益が下がってしまうと、そのための資金が不足するので、予算はかなり緻密に立てています。だから経営陣は数字に厳しいのです。

こうした予算作成のプロセスを行わない人たちが、「予算が高い」「無茶な予算」などと言うのは論外です。その数字は決して適当に導きだしたものではありません。熟考を重ねて決めた数字について、「高い」などと愚痴を言うべきではないのです。

きつい出だしになりましたが、店長自身のためにも、まずは「予算が高い」という発想自体をやめることです。その発想をしている限り、いつも予算に悩むことになります。

予算を出されたら、店長は達成するためにチャレンジするしかありません。「高い」と嘆く前に、「どうやって達成するか」という前向きな発想に切り替えましょう。その発想はこれからの成長に大きく寄与するでしょう。

◎昨年より多くのアクションを

出された予算を達成するためにはどうすればいいのか。その答えを一言で言うと、「昨年よりほんの少しアクションを増やす、アクションの質を高める」、これに尽きます。

売上なり利益なりで、「前年比102％」という目標が出された場合、当然それは昨年より2％アップを望まれているということです。これは簡単に言ってしまえば、「アクションを2％増やせばいい」ということで、ゼロから102をつくりだすわけではありません。

たとえば、今までチラシを1000枚配布していたのなら、今年は2％分増やして1020枚配布することにします。実際には、レスポンスの率などさまざまな要素があるので単純に2％増やすだけではダメですが、まずは昨年までやってきたことより多くの動きをすれば、数字は確実に出るということを知ってもらいたいと思います。

では、アクションを増やすためにはどうすればいいか。それには、去年どういったアクションをしていたかを知ることが非常に重要です。去年の月次報告書や月報でもかまいません。数字だけではなく、それぞれの販売促進活動に対してどれくらいの成果・反応があったのか、どのような新商品を投入したのかなど、行動がわかる記録を参考にしてください。そして、それらを上回るアクション（量と質）を考えて実行するのです。

予算の数字だけを見ると厳しいと感じるかもしれませんが、やるべきアクションが決まってくると、そんなに苦ではないはずです。

ところが、昨年の記録を読み返すような習慣がないと、「ゼロから102を積んでいかないといけない」と思ってしまい、ハードルがとても高く感じられます。実際、ゼロからそこまで積み上げるアクションを考えるのは大変です。

このときに、昨年の100の記録を見返すことができれば、「あとはそこに2を積むだけだ」と思えるので、厳しい数字ではなくなります。この発想の違い、昨年の記録を見返す習慣の有無によって、数字から受ける印象が大きく変わるのです。

ただ、昨年の記録を見てみるとほとんどが数字の羅列だけだった、というような企業はわりとあります。私はクライアント企業のさまざまな問題解決に取り組んでいますが、数字で苦戦している企業のほとんどは、月次の報告書が数字ばかりになっています。アクションにフォーカスされておらず、結果がいいか・悪いかだけで判断している、そのため毎日の売上額で一喜一憂している、という状態です。

数字が並んでいるだけの記録を見ても、なぜその数字になったのかがわかりません。その数字をつくったアクションも、記録として残しておかないと意味がないのです。

◎記録から見えてくること

アクションは、販売に関する動きだけではなく、人事の動きも重要です。人員がきちんとそろった状態で戦えていた100%の結果と、人手が足りない中で戦ってたどり着いた100%では、まったくその意味が異なるからです。

たとえば、本来10人で戦うところを9人で戦って100%だったら、10人にしたら100%はまず達成できるでしょう。ところが、今年は昨年よりも弱い人事体制で戦わなければいけないとなると、さらに上乗せした戦い方を考える必要が生じます。

また、外的環境についても見るようにします。競合店の出店や閉店によっても、数字が上下するからです。天候も当然状況を左右する要因になりますし、周辺で開催されるイベントなどにも影響を受けます。そういうことまで記録するようにしましょう。

悩み36 人気商品の売上を今の倍にしたいです。

答え 全員で売るための商品知識を高めましょう。

◎おすすめの理由を説明できるか？

「人気商品の売上を倍にしたい」というのは、人気がある商品をもっと多くの人に知ってもらいたい場合と、売上が足りないので今売れている商品を伸ばしていきたい場合があります。

今売れている商品をもっと売っていきたい場合には、お客様へ積極的におすすめして売っていきます。悩んでいるお客様がいたら、「こちらの商品が1番人気なんですよ」とお伝えします。ただこのときに、単純に「おすすめです」と言うだけではいけません。何がすごいのか、こだわりはどこなのか、商品の強みも一緒にお伝えします。

ところが、人気商品にもかかわらず、その商品についてスタッフも店長も知らなすぎることがあります。おすすめした商品について、「何がすごいのですか？」とお客様から聞かれても、言葉につまってしまう、うまく説明できない、そういう人が少なくないのです。人気の理由、おすすめの理由も説明できないのは困ります。

◎商品知識は勉強しなければ身につかない！

インテリアショップの店舗で働くトップセールスの女性がいます。彼女は売りたい商品があると、とことん調べます。私も1度、彼女の接客を見たことがありますが、本当に惹き込まれました。

そのインテリアショップは、高額ではないですがそこそこ値の張る価格帯で商品を販売しています。そのお店に椅子を見にきたお客様が、「座り心地はいいけれど、でもちょっと値段が高いよね」という会話をされていたのを聞いた彼女は、すかさずこんな説明をしていました。

「弊社の椅子は、何万回座っても劣化しないかを調べるテストを行っているのですが、この椅子は10万回座っても劣化が出ませんでした。安い椅子を買うと、たとえば5年ぐらいでへたりが出たりしますが、この椅子は20年以上変わらずに持ちます。そう考えると実はコストパフォーマンスがすごくいいんです。見た目もオシャレですし、どうですか？」

こういった説明がパッと出てくるかどうかというのは、商品をきちんと勉強して売ろうとしているかどうかの違いです。これだけ的確に説明されると、お客様は、「そう言われるとそうだな、買ってみようかな」と思うでしょう。

売上を倍にするために、ポップや詳しい商品説明のチラシをつくったりして、仕掛けで売ろうと考えますが、それでは倍にはなりません。商品についての知識がベースであって、ポップなどの打ち出しは、あくまでもお客様を引き寄せるためのツールです。せっかくお店に寄ってくださったお客様の質問に答えられないようでは、売れるわけがありません。

お客様は購買までにさまざまな商品を比較します。これは高額なものであればあるほどその傾向が強まります。比較検討されている段階で、「この機能はうちの商品のほうが優れています」といった、他社の商品と比較しての説明ができないようではいけません。

このように、人気商品を売り込もうと思ったときには、相当勉強する必要があります。勉強したことで、自信を持っておすすめすれば、それは売れていくはずです。店舗のスタッフ全員が商品について熱く語れるぐらい勉強して、売上を上げていきましょう。

悩み37 「売上を上げろ！」と言われても、販促費の予算がありません。

答え

販促費をあてにしているようでは売上は上がりません。最大の販促はあなたとお店です。

◎店舗＝箱があるというのは、最大の販促である

販促費の予算は、基本的にはないと思ったほうがいいでしょう。店長が、「販促予算がほしい」と思っても、それをジャッジできるのは経営陣だからです。

そもそも最大の販促コストをお店自体にかけています。お店という「箱」があり、看板があるだけで十分な販促です。まずはお店がきちんと目立つような工夫をしましょう。

店前に置いてある置き看板の場所・向き、内容など研究していますか？　お客様目線でつくっていますか？　お店の視界を遮るようなものはありませんか？　お店の入り口付近に障害物はありませんか？　このような基本的なことをまずはしっかりやりましょう。

広告宣伝をしなくても流行っているお店、小さくても人気のお店というのはたくさんあります。ホームページもないようなお店でも、いつも繁盛しているのは、来ていただいたお客様に最大の努力をしているからであり、それが最大の販促につながっています。これは店長ができる最大の販促活動です。お客様が再来店してくださる、お客様をご紹介してくださる、これらが最も効率のよい販促活動であることを肝に銘じてください。

その点を履き違えると、「去年は予算があったのに今年はなかった」と言って売上が上がらないのは販促費がないからだと考えるようになってしまいます。店舗は存在しているだけで販促になりますし、店長のあなた自身が最大の販促活動であることを忘れないでください。

１度他力本願してしまうと自力で戦う術をなくしてしまいます。そんなリスクを冒すことのないよう、販促費をあてにしないでください。

◎来てくださったお客様を大事にすることが、売上アップの近道

クライアント企業の飲食店で、こんな比較をしてみたことがあります。多くの飲食店が使っているインターネットの情報総合サイトがありますが、こうしたサイトに店舗の情報を出した場合と出さなかった場合では、どういう違いがあるのかを試してみたのです。

結果、情報を出さなかった場合は若干売上が減りましたが、利益が増えました。利益が増えたのは、「販促費を使わなかったから」です。

販促費というのはダイレクトにキャッシュで出ていきますが、売上の減少というのは、原価分は少なくともかかっていないことになります。お金を払うのと、売上が入ってこないというのでは、払うダメージのほうが圧倒的に大きいわけです。

ですから、販促費を使わないことで利益を残し、外に打ち出しできない分、来ているお客様に対して商品の質を高めたり、店内環境をよくしたり、接客サービスを高めるための努力をするしかありません。そうやって店舗の中身を充実させていけば、いずれ売上が持ちなおしてくるはずです。

思いきって、販促はやめてしまってもいいと私は思っています。いいお店には、絶対にお客様が来てくれます。お客様が来ない理由を外に向けていると、いつまで経っても来ないでしょう。覚悟を決めて、来ていただいたお客様に「絶対もう1度お店に来てもらうんだ！」という気持ちで対応していきましょう。

悩み38 「客単価」と「客数」、どちらが重要なんでしょうか？

答え ズバリ、「客数」です。「客単価」が増えても「客数」が減っていたら危険です。

◎「客数」の変化に敏感になるべき

「客単価」と「客数」では、圧倒的に「客数」のほうが重要です。客単価というのは、来ているお客様でコントロールがききますが、客数は来てもらわない限り上げ下げできないので、絶対的に客数を重視すべきです。

たとえば飲食店で客単価にこだわって、「1万円のコースしかない」などとしてしまうと、客数はかなり絞られる可能性が高いです。ですが、お客様がたくさん来ていれば、なかには1万円のワインを開けるといった客単価を取れるお客様も出てくるのです。まずは客数にこだわらないと戦えなくなる、と思ってください。

消費税増税のタイミングでいろいろな会社の売上が前年を超えていましたが、それは客単価が上がったことが要因です。増税に便乗した値上げがあったり、為替の問題で原価が上がったため値上げをしたりと、そういうタイミングで値上げしているので、客単価は上がっているのです。

しかし、客数を見てみると、実は下がっている。これは非常に危険な状態です。値上げしたのだから客単価が上がるのは当然ですが、業界に関係なく、客数が増えているのかどうかをもっとこだわって見ていくべきです。

客数が落ちているというのは、そのお店のファンが減っているということです。客単価が下がっていても客数が増えていれば、まだ戦えます。ファンになってくれているお客様が増えていれば、値段の多少の上下は許してもらえるようになるからです。

◎客単価を上げる前に、客数を増やすこと

今まで5000円だった商品の単価を上げて6000円にしたとします。原価率が50％だとすると、5000円の商品を売ると粗利が2500円です。原価を変えずに6000円で売れば粗利は3500円になります。

一見、単価を上げたことで利益が増えるように思えますが、そんなに簡単な話ではありません。今まで5000円だったものが6000円になれば、客離れは避けて通れません。お客様が3割減ると結果利益はマイナスになります。私たちが考えている以上にお客

様は価格に敏感なことを忘れてはいけません。

それならば、単価は５０００円のままで、１人でも多くのお客様に買っていただいたほうが２５００円ずつ粗利が増えていくことになります。単価よりも客数を増やすことを考えたほうがいいのです。

商品の粗利の高さはブランド力の強さともいえるのですが、それはブランド力がある会社に限られます。高級ブランドの商品が安いと、逆に偽物ではないかと怪しく思いますし、「このブランドも落ちたな」と思われたりするのです。

そういったステージにまでいたったら単価にこだわればいいと思いますが、ブランドが認知されていない時点で客単価の競争に走ると、まず負けます。ブランド力が高まって、「あのお店、いいよね」とお客様に支持される、皆が知っているようなレベルになってから、客単価にこだわっていきましょう。

客数が減りだしたら、お客様に、「あなたの店は、その単価のお店じゃないぞ」と言われている証拠です。逆に客数が増えていれば、お客様に、「頑張っているな」と思われていることがわかります。まずはとにかく、「お客様にたくさん来ていただけるのでありがたい」ということを考えないといけません。有名になってから、看板に見合う値段を取っていけばいいのです。

悩み39 原価をコントロールしなければいけないと思いますが、その方法は？

答え 原価はコントロールしない、そのために値引きをしないと決めましょう。

◎原価はコントロールしないこと

本来、原価というのはコントロールしないものです。原価がブレるときは、ロスがあるか値引きがあるか、そのどちらかだからです。ですから、廃棄したり、値引きで売るようなことをしなければ原価はブレないので、それらをしないことを決めてしまいましょう。

関西のほうでは、百貨店であっても東京と比べると値引き率がまったく違います。そのため、「関西では値引きしないと戦えない」とよく言われますが、値引きをやりだすとスタッフもお客様も癖になってしまうので、あまりすべきではないと思います。

原価のコントロールを厳密にしようと思うなら、高粗利商品を買ってもらうことです。お客様に粗利の高い商品をおすすめして買ってもらうのです。

ただ、それが本当にお客様がほしい商品なのか、お店が本当に売りたい商品なのか、その点が問題になります。もし本当にお客様がほしいものではなく、粗利がいいのでそちらをおすすめしたり、原価率を下げるために高粗利商品を売ろうとしていると、おそらく徐々にお客様は来なくなってしまうでしょう。

お客様が本当にほしい商品（原価率の高い・低いに関係なく）を売ると、高粗利は望めなくなるかもしれませんが、ファンは増えるでしょう。そうなると、結局、粗利益の率にこだわるよりは、粗利益の額にこだわったほうがお金は残ることになります。原価率が上がったけれど、粗利のお金は増えるということで、粗利を増やす点からも、原価のコントロールは意図的にしないほうがいいでしょう。

◎値引きをするくらいなら売り切る

値引きには2種類あると私は考えます。1つは、もともと値引き想定の粗利が乗っている場合ですが、これはちょっと邪推しすぎでしょう。もう1つは、本来、店舗側が売っている利益を削っている場合です。

これは、店舗側が犠牲になることでお客様に満足してもらうことなので、双方にとってウィン・ウィンにはなりません。その精神はいいのですが、商売は本来、物々交換なので、お客様には正当な価格で買っていただくべきです。店舗の利益を削るというのは、自分たちの商品やサービスをディスカウントしすぎだと思います。

よく、「出血大サービス」などと書かれて大々的に値引きセールを行っていたりすることがありますが、そんなことをする必要はありません。出血しなくていいので、いい商品を適正に売ってください。

値引きは、商品の価値をお客様にきちんと伝えられていないことを意味します。商品の価値をしっかり伝えていかないと、結局はお店に安売りのイメージもつきますし、自分たちが犠牲になるからです。安売りをすることでブランドの価値も下がり、粗利も下げることになってしまいます。

大幅な値引きはアパレル業界でよく見かけますね。バーゲンの時期には半額や60%オフなどが当たり前のようなお店もあるでしょう。そういうビジネスモデルなのだと思いますが、値引きをするぐらいなら、売り切るべきです。

いい商品をきちんとした価格で売り切る努力を最大にしたほうがいいです。そうでないと、バーゲンキラーの餌食になってしまいます。

値引きばかりをしていると、お客様も定価で買おうという気持ちがなくなっていきます。安売りの時期にしか売れないとなると、販売する側もプライドを持って仕事ができなくなっていくでしょう。安易な値引きは誰にとってもいいことではないのです。

悩み40　在庫を持ちすぎと言われますが、減らすのは不安です。

答え　自分のお金だとしても、それだけの数を買いますか？　会社のお金だから買っていませんか？

◎自分のお金ではないから買ってしまう

なくなったときのことを考えると不安に思い、在庫をたくさん持ちたがる店長がいます。そんな店長には、こう聞きたいです。

「自分のお金だったら、そんなに在庫を買わないでしょう？」

在庫をたくさん持とうとすると、その分お金がかかります。そのお金は会社のお金です。会社のお金だと、保険だと思ってたくさん買ってしまうのです。

でも、自分のお金を使うと思ったら、そんなによぶんに買うでしょうか。たとえば、シャンプーが半額セールだからといって、ストックとして１００本も買う人はいないはずです。買ってもせいぜい2本ぐらいでしょう。ところが、これが自分ではなく会社のお金だと思うと、「不安だから」という理由で100本も買ってしまう店長が本当にいるのです。

在庫というのは、基本的に現金なのでPLに出てこない、原価率に跳ね返ってきません。在庫をいくら持っていても原価率も変わらず、PLにもダメージが見えないため、たくさん持ちたがるのです。「売上の機会損失を減らすため」という理由をつける店長に対し、経営者としては、「無駄な使わないものをいっぱい買うとは何事だ！」と言いたくもなるわけです。

「在庫を持ちすぎ」と言われていること自体、サラリーマン根性になっている証拠です。自分のお金だったら本当にそんなにたくさん買うのか、買わないのであればそれだけ買う必要はないと、立ち止まって考えてほしいと思います。

◎過去最大の売上分ぐらいを持てばいい

ここまで伝えても、「減らすのは不安です……」と言う店長には、

「過去最大にその商品が売れたときには、いくつ売れたんですか？　現状、その倍の数を在庫で持っていますが、それがこれから売れる可能性はあるんですか？」

と問い詰めます。すると、ほとんどの店長が答えられなくなります。

本来、在庫は過去最大の売上時ぐらいの数を持っていれば十分です。ところが、不安に思う店長は、その2倍の数など極端に多く持ちたがるのです。

もし売り切れたら売り切れたで、しかたないと思います。イレギュラーで一気に売れて在庫が切れてしまっても、売れるかもわからない在庫を持ち続けているよりはずっといいです。そもそも売り切れるような事態はイレギュラーなので、年に1回あるかないかの話です。そのときのために、毎月毎月、使わない在庫を持ち続けるのはおかしいですよね。

在庫は現金です。もし在庫が破損してしまって廃棄するようなことになると、ロスになってしまいます。ストックスペースも増えるし、棚卸しも数が多いほど手間になります。大量に在庫を抱えることにメリットはないのです。

在庫を持ちすぎる店長は、計算をしていない人が多いと感じます。しっかり計算していないのでよぶんに持ってしまう、発注も感覚で適当に行い、とにかくたくさんあれば安心だと思い込んでいるのです。

もし発注が苦手だと思うのなら、「この商品は何個までしか買わない」と基準を決めてしまいましょう。過去最高に売れたときの量と売上の構成を踏まえて、必要な在庫だけをそろえておきます。売り切れても、それはイレギュラーなことであり、しかたないと思うことです。決めた数字よりも絶対に買わないこと、そういうものだと割りきりましょう。

悩み41 人件費を削るように言われますが、人数を減らすしかないのでしょうか。

答え とにかく売上を上げてください。人数を減らすようなことはすべきではありません。

◎自分のお金ではないから多めに人員配置してしまう

人件費のコントロールについては、各社でかなり厳しく行われています。人件費を削るというのは、人件費率の問題です。適正な人件費率や労働分配率といった指標があり、その指標を上回って使いすぎているため削るように言われるのです。

人件費も在庫と同じで、保険の意味で多めにしようとする店長がいます。「あの時間にワッとお客様が来て対応できないかもしれないから、よぶんにスタッフを置いておきたい」と考えて、よぶんに人員配置するわけです。

また、売上の予測が甘く、人件費率がアップしてしまう店長もいます。まずはいくらぐらい売れるかという見込みを最初にしっかり立てて、見込みに応じた人件費を使えば、人件費率はブレなくなります。

過去の傾向から、平日は来客数がどのくらいあるのか、予測することができます。もちろん、年に何回かはイレギュラーで突発的にお客様が増える日もあると思いますが、そのときはやはりしかたがないと思うしかありません。そんな〝イレギュラーな日〟のために、毎日よぶんに人員配置をしたり、長時間働かせたりするのはよくありません。

これもまた、給料を払うのは会社であり、自分のお金ではないために、いろいろな理由をつけて多めの人員配置をしたがるのです。自分が店舗のオーナーだったら、そんな人数でシフトを組むでしょうか？　絶対に、よぶんな人数で組んだりしないはずです。

個人店が最少の人数で営業をしているのは、店長自身が店舗のオーナーであり、自分がお金を払う立場だからです。会社に雇われている店長は、サラリーマン根性を捨てることが求められていると思ってください。

◎売上を上げてスタッフを守ることが店長の責任

では、どうやって人件費率をコントロールすればいいのか。答えは単純です。人数を減らすのではなく、売上を上げるのです。

人数を減らしたり、時間を減らすということは、働いている人の所得が減ることになります。スタッフの中には、その給料に生活がかかっている方もいます。その方たちの勤務時間や日数をむやみやたらに削ることはできません。そうなると、店長の責任としては売上を上げるしかないのです。

ここで覚悟を決めて、売上を上げる方向に舵を切っていかないと、人件費はずっとオーバーしていくことになります。人件費がオーバーすると、お店のPLが赤字になっていき、赤字が重なると退店になってしまう可能性があります。店舗が潰れるというのは、全員が1番困る事態です。

そうならないためにもきちんと予測を立てて、よぶんな人員配置をせず、しっかり売上を上げていきましょう。お店があって、来ているお客様がいれば、原則として売上は上がるはずです。商品か人にお客様はつくので、しっかりと商品のよさをお客様に伝えて、感じのいい接客をいつもしていれば、お客様がそんなに減ることはなく、むしろリピートしてくださる可能性が高まります。そういうところに集中して売上を上げる努力をします。

店長には、自ら面接をして採用した生活がかかったようなスタッフを守る責任がありま す。少し売上が下がったからといって、シフトを減らせばいいという単純な話ではないのです。

店長は、もっと死ぬ気でスタッフを支えるために奔走してほしいです。売上が下降気味になってきたら、とにかく売上を上げるしかないと肝に銘じておいてください。

悩み42　近所にライバル店が出現！　どうすればいいでしょう。

答え　「ラッキー！」と思って仲良くなりましょう。

◎競合店とは仲良くすべし！

　同じような業態の飲食店が向かい合わせに、あるいは隣同士で出店しているような光景を見たことがあると思います。10坪や20坪といった物件のサイズ、人が集まるような立地のいい場所、そういった条件が飲食業は合致しやすいため、同じような業態が集まりがちです。

　そういうときに、「競合店の対策をしなければ」と考えるかもしれませんが、私はそんなことはしなくていいと思っています。競合店はライバルではありません。むしろ、仲良くすることをおすすめします。仲良くなるのは簡単です。自分のお店が満席のときに、競合店にご案内すればいいのです。

「店長、すみません。ちょっと今うちのお店いっぱいで入れないので、お客様４名様、入れますか？」

「4名なら大丈夫です、ご案内してください」

こんなふうに、事前に満席のときはお客様を紹介しあうことを決めておいてご案内します。もちろん、向こうのお店がいっぱいのときは、自分のお店に余裕があれば受け入れます。持ちつ持たれつの関係でやっていくのです。

ところが、競合店ができると争うような店舗がほとんどです。看板をできるだけ前に出して目立たせたり、競合店のお店の前でチラシを配ったり、たくさんの飲食店が入っているビルの前でお客様を店員が取りあったり、生ビールの値段を競合店より10円安く設定したり……。こんなふうに敵意むき出しで戦おうとする店長がいるのです。

さらには、お客様に競合店のマイナス情報を吹き込む店長までいます。

「あそこのお店、やめたほうがいいですよ。ひどいお店なんで行かないほうがいいです」

すると競合店側も、「あのお店、対応がひどいんでおすすめしませんよ」と、言われたお店の悪い噂を流したりするのです。これではただの消耗戦です。

そんな無益な削り合いをしていてもしかたがないと思いませんか？　お客様が選べることが重要なのであって、お店同士が戦って、お客様を奪いあうことにメリットはないのです。

それよりも、「あのお店のあの料理、すごく美味しいですよ。今度試しに行ってみたらどうですか？」と言われたお客様が実際にそのお店に行き、「あっちの店長が、この料理が美味しいって言っていたから来てみたんです」と言ってくれたら最高ですよね。「お礼も兼ねて、こちらもお客様にお店の紹介をしてあげよう」と思えるはずです。

◎1番売りたい商品で負けないようにする

自分にそのつもりがなくても、競合店のほうから攻撃されてしまうこともあるかもしれません。そういうときも、戦う必要はありません。こちらはあくまでも仲良くするというスタンスでいましょう。戦うと絶対に敵になり、いずれ消耗戦となってしまうからです。

競合店が値段を下げてきても、自分のお店は下げないようにします。それにつられて値段を下げてしまうと、向こうはさらに下げてきます。こういうスパイラルに陥ることは避けるべきであり、競合店が仕掛けてきても反応しないことが1番です。

もし戦う必要があるとすれば、それは自分のお店で1番売りたい商品についてです。それが負けないようにすることが重要です。1番売りたい商品が、きちんと磨かれ、いいものになっていなければなりません。イチ押し商品で絶対に負けてはいけないからです。競合店が同じような商品を出していたら、自分のお店のほうが絶対に品質がいい、ボリュームがある、値段が安いなど、とにかく負けないように努力します。

これは、お店同士の争いではありません。自分のお店の中での戦いです。戦うところは、商品やサービスです。外で戦わず、自分のお店の中でどれだけ戦ってよりよい商品にしていくか、それが大事です。

まったく別のチェーン店同士でも、仲良くなれればストレスを感じなくなり、楽になります。向こうに食べにも行けますし、協力もできるからです。ライバルが出現したら、「ラッキー！」と思って、仲良くできるようにあなたのほうから声をかけてみましょう。

悩み43 お客様の声をどう聞いて、集めていけばいいですか？

答え

店長がお客様に話しかけることで、すぐに集められます。

◎店長の仕事は、お客様の話を聞くこと

アンケートハガキを置いている店舗をよく見かけますが、そういったハガキを送ってくるというのは、よっぽど嬉しかったか腹が立ったときに限られるでしょう。特にそういっ

た苦情をもらうためにはいいのですが、本当はお客様の小さな要望を店舗側は聞かないといけません。しかし、小さな要望をいちいちハガキに書いて送る人は少ないでしょう。

では、どうやってお客様の声を集めればいいのか。

簡単です、店長が直接お客様に聞けばいいのです。「今日のお食事、いかがでしたか?」「そちらの商品、使ってみていかがですか?」「先ほどの接客、いかがでしたか?」など、お客様に聞いてみましょう。

店長という肩書きがあると、お店の中ではトップの立場なので、お客様に対しても話を聞きやすくなります。「店長なのですが、何かうちのお店で気になることとかありますか?」と尋ねると、ほとんどのお客様は答えてくれます。これは店長だからできる技です。

困っているお客様や不愉快そうなお客様というのは、見ていればすぐにわかります。そういうお客様がいたときには、サッと行って「どうされましたか?」と店長がすぐに聞いてみます。そこでお客様の声を聞くと、さまざまなヒントが得られます。なぜ自分のお店を支持してくださっているのか、声を聞くうちにわかってくるでしょう。

「いつもうちでお買い上げいただいていますけれど、他にお気に入りのお店とか、どこかありますか?」と聞けば、競合店の情報を集めることもできます。

お客様の声を聞くメリットは、スタッフにフィードバックできる点もあります。接客の初心者のスタッフや、接客に自信がなくモチベーションが下がっているスタッフに自信を持たせることは実は難しくありません。お客様の声を伝えるのが1番です。

接客の様子に問題がなく、きちんとやれていたと店長が感じても、本人は自信がないと悩んでいたとします。店長は接客が終わったお客様のところへ行き、「さっきの店員は新人なんですが、接客はどうでしたか？」と聞いてみます。「悪くなかったですよ」「そうですか、ありがとうございます」とお礼を言い、接客をしていたスタッフに、「さっきのお客様、接客いいって言ってたよ」と伝えます。こういう一言をお客様からいただけるだけで、スタッフのモチベーションが上がり、頑張ろうと思えるのです。

毎日1人でもお客様に声をかけて話を聞けば、月に20個も30個もお客様の声を集めることができます。大規模なアンケート調査やグループインタビューなどをしなくても、店長が日常的に店舗に立ち、積極的にお客様に話しかけていれば声を集めるのは非常に簡単です。ベッタリと接客する必要はありません。本当に一言、二言お声がけすれば十分です。

店長の仕事は、素早くお会計ができるといったことではなく、スタッフでもお客様でも、とにかくたくさん話をすることだと思ってください。

悩み44　「スーパー接客」をするスタッフが、ちょっと浮いてしまっているのですが……。

答え　飛び抜けて優秀なスタッフには、他のスタッフを教える立場になってもらいましょう。

◎チェーン店では、接客レベルは均一のほうがいい

非常に丁寧に接客をすることで、たくさんのお客様から「またあなたに接客してほしい」と言われるようなスタッフが、ときどきいます。接客が得意で、お客様からの評判もよく、売上もトップクラス、そんな「スーパー接客」をするスタッフが1人でもお店にいると店長としては助かります。

ただ、こうした「スーパー接客」ができるスタッフがいる場合、気をつけたい点があります。そのスタッフ自身にお客様がついてしまい、スタッフが辞めるとお客様も来なくなる。他のお店に転職してしまうと、お客様もそちらに通うようになってしまう。そういう可能性があります。これではそのスタッフがいなくなったときに困りますよね。

また、そのスタッフの「スーパー接客」が、そのお店のスタンダードな接客だとお客様

に思われてしまうかもしれません。すると、他のスタッフの通常の接客がお客様の不満につながりかねません。「スーパー接客」ができるのはいいのですが、過度にやらせないことが重要です。

そういった問題が起こらないようにするために、「スーパー接客」をしているスタッフの接客方法で、他のスタッフが真似できそうなことについては全員が取り入れるようにします。そのスタッフにやり方をレクチャーしてもらい、全員に覚えてもらうのです。簡単なものであれば、マニュアルに追加してもいいでしょう。

さらに、そのスタッフに「接客指導員」といった役を任せて、難しい接客のテクニックを指導したり、他のスタッフにできない接客方法をフォローする役割を担ってもらいます。「あなたが持っている100の能力のうち、発揮するのは50でいいので、残りの50は他のスタッフに教えるほうに使ってね」

とお願いすれば、どんどん教えてくれるはずです。

住宅のセールスや高級品の販売など、個人成績を競うような業態の場合は「スーパー接客」をどんどん行って、売上を上げていけばいいと思います。しかし、チェーン店の場合は、ある程度の均一性が必要であり、お客様の特別扱いにも映る行為は好ましくありません。チームで回すような業態は、あまりにもできるスタッフがいると障害が出ることもあるのです。

スタッフの中にスーパースターがいてもいいですが、その人には発揮する能力を抑えてもらい、他のスタッフに教える側にまわってもらいましょう。その素晴らしい接客スキルを横展開していき、店舗全体の接客レベルが上がるようにするのです。

第5章

店長の壁・その5
トラブルの壁

悩み45　商品やお金がなくなるなど、店内で不正があるようなんです。

答え　犯人探しはしないこと！　不正ができない仕組みにすることが先決です。

◎「もしかして？」と思っても、犯人探しをしてはいけない

レジの現金が合わない。商品在庫の数が足りないことがよくある……。こうしたことが続くと、「スタッフの誰かが持ち帰っているのでは？」と考えてしまうかもしれません。

そういうときに、監視カメラを設置したりシフトを徹底的に調べ、誰が犯人か割りだして追及しようとする店長がいますが、犯人探しをするのはアウトです。「誰かが盗んでいる」となると、店内に不穏な空気が流れます。そのうち、「アイツじゃないか？」と怪しまれる人が出てきて、怪しまれた人はお店を辞めてしまう、というのが犯人探しをしたときにほとんどの店舗が陥るパターンです。この流れ、決していい流れではないですよね。

まず、盗まれたかどうか実際のところはわかりませんが、基本的にスタッフを疑わないことです。そして、不正があった事実を厳密にスタッフたちに公表します。

「レジの過不足金、５０００円や1万円足りないことが、今月だけで5回もありました。皆さん、現金の取り扱いにはくれぐれも注意して、なくならないようにやっていきましょう」と、「誰が盗んだ」とは言わずに、不正があった可能性があるけれど誰かを疑っていることはない旨を伝えます。伝えたうえで、同じことが起こらないような対策として、不正ができない仕組みを店長がつくっていきます。

よくあるのが、スタッフのロッカーや荷物を置いているバックヤードからお金がなくなってしまったということです。その場合は、ロッカーをカギ付きにしたり、スタッフの貴重品は1カ所に集めてそこにカギをかけ、カギは社員しか扱えないといった仕組みに変更しましょう。在庫がなくなるのであれば、倉庫にカギを付けて店長が管理するなど、不正ができないようにする仕組みは考えられるはずです。

カギを付けるなどの対策は、数千円でできます。そうしたこともせずに犯人探しをするよりも、仕組みを決めたほうが絶対に早いですし、被害が増えるのを防げるはずです。

レジから現金が減っていて、シフトをたどると1人のスタッフに行き着いたとします。そこで、「お前が盗んだんだろう!?」と追及しても、「盗んでいません」と言われればそこで終わり。「現金はその場限り（現行犯以外は捕まえられない）」という実態があるので、シフトをたどって犯人を見つけたとしても、本人が認めない限り、不正は確定しません。

実際、そうやって安易に追及している店長を私はたくさん見てきましたが、「盗みました」と自白した人は1人もいません。シフトなどの状況証拠を持って警察に行っても、盗んだところを見ていないと、とりあってもらえませんし、逆に疑われたスタッフから訴えられる可能性さえ出てくるのです。

不正があったときは、不正ができるような仕組みやルール、設備にしてしまっている店長に責任があります。もし誰かが盗んでいたとしても、「犯罪者をつくったのは店長である自分の責任だ」と思って反省し、仕組みを変える努力をしましょう。

悩み46 スタッフが仕事中にケガをしてしまいました！

答え

応急処置の勉強は必須です。採用の際に、スタッフの持病についても聞いておきましょう。

◎焦らず対応するために、知っておくべきこと

店舗で働くスタッフがケガをする場合、多いのは火傷や擦り傷、切り傷などがあげられますので、そういったときの応急処置は最低限知っておく必要があります。熱湯などをかぶって火傷をしたときは、服を脱がせない。止血するときは傷口を圧迫して、心臓より高くするなど、いざというときに慌てないために基本的な応急処置は勉強しましょう。

医師に診てもらったほうがいい場合もあるので、近隣の救急病院の連絡先も把握しておきます。急に意識を失って倒れるなど、緊急のときには救急車を呼ぶことになりますが、それまでにしておく蘇生方法や、緊急時の家族への連絡方法も確認しておきましょう。

また、採用の面接の際に、持病がないか尋ねておくことも重要です。救急車を呼ぶようなときに、伝えなければいけない持病があるかもしれないからです。ですが、なかなか持病の有無についてはストレートに聞きにくいところもあります。

「身体の問題で、お店側が知っておくべきことや、配慮してほしいようなことがあったら教えてください」

と、お願いするようなスタンスで聞いてみましょう。

本人が虚偽で持病があることを言わないのはしかたがないですが、雇う側からまったく尋ねないというのも問題です。急に発作を起こし意識を失ったりするてんかんなどの病気

は、肉体労働が伴う仕事の場合は事前に聞いておかないと、倒れてケガをしたり、周りが危険な状態に陥るかもしれません。

こうしたところにまで気をまわすことも、店長の仕事です。慌てず冷静な対応ができるよう、日頃からもしもの事態に備える準備をしておきましょう。

悩み47 お店の設備の調子が悪いです。業者を呼べばいいのでしょうか?

答え 業者を呼ぶ前に、直せるものは自分で直します。

◎設備のマニュアルに目を通す

レジの調子がおかしい、自動ドアの反応が悪い、水が漏れてくるなど、営業している店舗の中で使われる設備に、不調や故障などが発生することもあると思います。そういうとき、すぐに修理をしてもらうために業者を手配していませんか?

業者を手配すると、費用が発生します。ちょっとした水道の修理であっても、出張料として数万円の費用がかかるようなこともあるのです。

実は、設備の不調や故障は、自分で補修できるものがたくさんあります。たいていが、簡単な処置で元に戻せることが多いです。それぞれの設備については、おおむねマニュアルのトラブルシューティングに対処法が記載されているので、まずはそれをきちんと読んで、直せるものは自分で直すことです。

どうしても原因がわからないときは業者を呼ぶしかないのですが、これは基本的に上司への報告義務があります。

私のクライアント企業でも、いきなりメーカーさんの保守から5万円の請求書が本部に届き、該当店舗の店長に確認すると、「この前、この設備の調子が悪かったので直してもらったんです」ということがありました。それらの修理内容を見ると、「これぐらいの故障、自分で直せるだろう」と思えるような場合がほとんどだったりします。

業者を呼ぶ前に、店長は上司に指示を仰ぎましょう。業者は呼んだ時点で費用が発生しますので、「こういう不調があるのですが、業者を頼んでもいいですか？」と、上司にジャッジしてもらうことです。

基本はそれぞれの設備のマニュアルを見て、自分で直せるかどうか、そこから考えてみてください。もし自分のお金だったらすぐに業者を呼びますか？

悩み48 クレーマーのようなお客様がいます。どう対応すればいいですか。

答え

悪質なクレーマーはお客様ではありません。「出入り禁止」を明言してください。

◎店舗には、お客様を制限できる権利がある

そもそも〝クレーム〟と〝クレーマー〟は違うものなので、厳密に区別する必要があります。〝クレーム〟は苦情なので、誠心誠意対応する、というのが正しい姿勢です。

一方、〝クレーマー〟は、クレームを通して不当な利益を得ようとする人のことです。こういう人はお客様ではありませんので、悪質な場合は店舗への出入り禁止、という対応をとりましょう。

クレーマーには、いろいろなタイプの人がいます。店舗が提供している商品やサービスについて過剰な要求をしてくるような人は、「タダにしろ」「返金しろ」「慰謝料を出せ」「損害賠償だ」といった金銭的な理由をつけて迫ってきます。

あるいは、ワーッと文句を言うことで気分をすっきりさせる人や、誰でもいいからか

まってほしい人、何度もお店にやって来ては話しかけてスタッフの労働時間を多大に使おうとする人など、孤独やイライラの発散といった精神的な理由からクレームを繰り返すこともあります。

こういった人たちの対処に手を焼く店長がいますが、店長が、

「今後、うちのお店に入らないでください。入ったら警察に連絡します」

と、ハッキリ出入り禁止を伝えればOKです。

店舗には、施設管理権というものがあります。簡単に言うと、お客様を制限できる権利です。たとえば、ドレスコードのある店舗では、ラフな格好で行くと、「お金を払う」と言っても「入らないでください」と止められます。「お子様連れはご遠慮ください」など、年齢制限を設けているお店も同様で、この権利を使っているのです。

そのため、出入り禁止を伝えてもお店に居座るようだったら、不退去罪が適用になります。「入らないでください」と言って入ってきたら不法侵入、大騒ぎしたり長時間スタッフが対応しているようだと営業妨害などでも警察に通報することが可能です。

暴力的な人や、身の危険を感じるような人たちが集団でお店にやって来たりしたときも、すみやかに警察に通報しましょう。事前に連携をとっておくとスムーズに対応してもらえるはずです。

基本的に、商売は物々交換で成り立っています。お店が提供している商品・サービスと対価はイコールなのです。ですから、お店側が卑屈になる必要はまったくありません。

もし買った商品に対してクレームをつけてきて、返品や返金、交換などをしたら、それで終わりです。それ以上文句を言ってきても、「それでしたら、もううちで買わなくて結構です」と、不当な要求をする人にははっきり伝えましょう。

クレーマーの言いなりになっていると、他のお客様にもスタッフにも迷惑がかかり、対応している時間ももったいないです。意外と、ビシッと言うと来なくなるパターンが多いので、店長が毅然とした対応をとることが求められます。

◎「お客様は神様」と思い込まない

クレーマーとまではいかないお客様に対しても、きちんと線引きをお伝えしなければならない場合があります。

長々とお店のこととは関係のない話を何度もされるようなお客様には、「申し訳ありません、他にも業務がありますので失礼します」と伝えます。

目的がお店の商品やサービスかどうかがポイントです。商品やサービス以外の質問をする時点で、目的が変わっているからです。

たとえば、女性スタッフにつきまといのようなことをしているお客様が、「連絡先を教えてよ」などと言っていたらアウトです。店長が、「今後は店内への立ち入りを禁止させていただきます」と、バッサリ線引きしましょう。

先日も、クライアント企業の店舗にクレームを言いにきた人がいたのですが、そのときに入り口のドアを蹴って一部が破損してしまいました。クレームしてきた内容については、店舗側が悪かったので、丁寧にお詫びをして返金しました。

ですが、ドアを蹴って壊したというのは器物破損です。壊れたところについては弁償してもらうように交渉しました。クレームとドアの破損はまったく別問題ですから、その線引きはきちんとしてほしいと思います。

店長に正しい知識がないと、相手に押されてクレーマーの餌食になってしまいます。「お客様は神様だから」と思って過剰な要求を断れないようではいけません。本当は、そういった人に商品を売らないこともできるのです。そうならないためにも、店長は理論武装することも考えてほしいと思います。

悩み49　お客様同士が喧嘩を始めたとき、その場をおさめる方法はありますか。

答え
仲裁に入らず、警察に通報してください。

◎スタッフとお客様の安全確保が最優先

飲食店などでは、お酒に酔ったお客様同士が言い争ったり、喧嘩になってしまうことがあります。そういうときは、「すぐに店長が仲裁に入って止めるのが1番」と思うかもしれませんが、へたに仲裁に入るとケガをする恐れがありますからおすすめできません。

店長は、お客様やその場で働いているスタッフを守るためにも、避難誘導し、警察に通報してください。喧嘩の場合、間に割って入らないというのが原則です。止めに入って刺されたりしてしまうと大変だからです。

一方的に暴行を働いている人がいたとしたら、その場合は数人で押さえつけるなどして止めてもOKですが、身に危険が及ぶ恐れがあるならば、基本は警察を呼んで対処してもらいましょう。

仮に強盗に押し入られた場合も同様です。犯人と戦ったり、追いかける人がいますが、万が一、取り押さえようとして反撃にあってしまったり、捕まえたあとに被害を受けては大変です。そういった無茶はせずに、すみやかに通報してください。

悩み50　常連さんからの無理な要求に「ノー」と言えないときがあります。

答え

すべてのお客様に「イエス」と言えることならOKですが、そうでないなら断りましょう。

◎判断基準があれば、答えを迷わない

クライアント企業のレストランの店長から、こんな相談を受けました。

「常連のお客様が、『お店にしょっちゅう来るので、自分のストックのワインをお店のセラーに置かせてほしい』とおっしゃっているのですが、どうしたらいいでしょう？」

こういった常連のお客様からの難しい要求にどう応えるか、そこには1つの基準があります。それは、「同じことを他のお客様からも言われたら、OKしますか？」ということ

です。その店長は、「いや、やりません」と答えました。

「それなら、『そういったことはできません』とお断りしましょう。それでそのお客様が来なくなってしまったら、それはしかたのないことです」

私はそうアドバイスしました。お客様が払う対価というのは、毎回毎回、そこで完結します。商品を渡しました、お金をもらいました、これで契約終了です。

それが基本だと考えると、常連のお客様とはいえ、他のお客様が受けられないサービスを行うというのはアウトです。他のお客様にも同じサービスをするのであればいいですが、そのお客様だけを値引きするなど特別扱いするようなことは、お断りすべきです。

ただ、お客様に声をかけたり、感謝の気持ちを伝えたり、特定のお客様にバースデーカードを送るなどは、お客様の無理な要求ではないですし、お店側が「ぜひしたい」と思ってやっていることですから問題ありません。

判断基準が曖昧だと、一部のお客様だけＯＫにしてしまったりしますが、「すべてのお客様にできないことはやらない」と線引きをしましょう。他のお客様に「イエス」と言えないことは、「ノー」と言って断る。この基準を外さないようにします。

常連さんの言いなりになっているような店長では、スタッフも不安になります。

クレーマーがお店に来たとき、店長が表に出なければ、頼りないと感じますし、部下も守れない店長を信頼できませんよね。そうして失った信頼は2度と戻ってきません。勉強して正しい知識を持っていれば、問題が発生したときにもすぐに正しい行動に移せるはずです。焦ったりせず、凛としたふるまいを心がけ、場合によっては毅然と「ノー」と言える店長になりましょう。

終章

店長になったあとの壁

凄腕店長への壁

凄腕店長への壁1　なかなか給料が上がらず、転職を考え始めています……。

答え

愚痴を言っているだけでは給料は上がりません。

◎仕事に対する意欲がない人は、どこへ行っても出世しない

全国各地にさまざまな業種のチェーン店が存在しています。何百店舗もあるようなチェーン店では、店舗によってはサービスの質の低下が目立ち、働いているスタッフから活気が感じられず、疲労感が漂うような状態を目にすることがあります。そんな店舗の店長は、はた目に見ても、割りきってサラリーマン根性で仕事をしているように見えます。

仕事をこなしてはいますが、できるだけ労力を使わず、無理もしない、責任も持たない、時間の切り売り状態のような最低限の接客をする店長は、「頑張って働いても、楽しくて働いても、給料は変わらないし」と思って、頑張ることを諦めています。それはおそらく、会社を信用していないことが起因しているのだと思います。

そういう人は、「うちの会社の人事評価制度だと、頑張ってもほとんど評価されずに昇

給しない。だからそこそこのレベルで仕事をしていればいい」と思って奮起せず、そのうち、「もっと自分を評価してくれる会社があるはずだ」と転職を考えるようになります。ハッキリいって、こういう考えの店長では、どんな会社に行っても絶対に成功しないでしょう。どんないい人事制度があっても、どんないい給料体系でも、意欲のない人は出世しません。もし出世したら、それは一時的なものです。

私のクライアント企業でもありますが、中途採用で鳴りもの入りで入ってくる人がまれにいます。大手企業でバリバリやっていたような人が、部長職などで採用される場合です。ところが、すぐに化けの皮がはがれるというか、パッとしない人が多いのです。面接や職務経歴書は立派なのですが、努力してきていない人は仕事をするようになればすぐにわかります。そもそも、そんな立派な経歴の人がなぜ転職をするのかと思いませんか？

本当に優秀な人たちは、スカウト会社からの紹介やヘッドハンティングによって転職していきます。一般公募の中途採用でいきなり上級管理職に入って成功する人を見ることは、本当にまれです。大概はいきなりホームラン（目立ったよい仕事）を打とうとして、大振りの空振り三振に終わるパターンが多いです。結局今までの努力と成果がなければ、転職してもすぐにわかってしまうのです。

◎〝出すぎる杭〟の店長になれ！

給料が上がらないと愚痴をこぼしている店長よりも、給料が上がらないけれど全力で頑張っている店長は、最終的には給料も役職も上がることになります。というのは、そういう店長は会社にとって非常に重要だからです。

経営者にはその店長がどういう気持ちで働いているのかがわかるものです。「この人は手を抜いているな」「適当にやっているし、すぐ他人のせいにする」「サラリーマン根性丸出しで働いている」といったことや、「いつも頑張っているな」「奮闘しているな」ということは、普段の働きぶりや言動から伝わります。

サラリーマン根性の店長は人事評価制度の中で評価されることになりますが、奮闘している店長を、「この店長はいいな、昇進だ」と社長が思ったら、そういった制度を無視してその店長は引き上げられることになります。社長に「こういう店長が必要だ。今日からスーパーバイザーにしよう」と言われて、あっという間に出世するようなことがあるわけです。

実際、そうやって出世していった店長を、私は何人も見ています。社長の一声で店長から一気に重要なポストに引き抜かれた人もいます。そういう店長は、他の店長より光るものがある、目立っている、とにかく頑張っている、奮闘してきた店長たちです。

給料が上がらないなどの不遇な労働環境や労働条件でも、一生懸命頑張って働いていれば、絶対に引き上げられるか、他社から声がかかる、そういうチャンスが必ず来ます。最終的に注目されて偉くなるような人は、「なるべくしてなったよね」と誰もが思います。そういった人をキャッチアップできない会社であれば、優秀な人ほど努力をして実力をつけてスパッと転職していきます。

「出る杭は打たれる」という諺がありますが、〝出すぎた杭〟は打たれないものです。だからこそ、ちょっと出るぐらいではなく、突き抜けるほどになることです。努力でもいいし、成績でもいい、人柄でもいいので、なんでもいいから突き抜けるほどのことをしてください。突き抜けるぐらいになれば絶対に目立つので、声がかかります。むしろ、目立つぐらいでないと、会社内からも、外部からも声がかからないでしょう。

不遇な環境でも、能力があって、努力を惜しまず頑張っている人は、他の会社へ行って出世するか、独立して成功をおさめています。これは私がいろいろな企業の何千人もの店長を見てきて、共通していることなのです。

凄腕店長への壁2　店長として頑張った先にはどんな将来があるのでしょうか?

答え

店長時代に頑張って成功をつかめば、経営者までの道筋が見えてくるはずです。

◎店長＝〝ミニ経営者〟

店長というのは、経営者から、お店の中で最大の権限を預かっています。そうした立場で頑張って成果を出した人の未来は明るいものになるでしょう。店長として自己成長を遂げ、いずれ独立したいという夢があればその夢を実現できるはずです。

店長は、多くの人と接して、多くのマネジメントをして、会社の資産も預かって、社長の代行としてお店の運営管理を行っている、つまり〝ミニ経営者〟をやらせてもらえているということになります。経営の疑似体験ができるのです。

飲食店や小売店の店長は、非常に幅広い仕事をやらせてもらえます。勉強が求められる範囲も広いので苦労もありますが、〝ミニ経営者〟としてしっかり仕事をやりきると、相当実力がつきます。その経験を最大に活かすことができれば、スーパーバイザーやその上の役職、最終的には経営者までの道が見えてきます。

店長経験をしたあと、役職に就いたり、さまざまな道を歩み始めた人がいますが、その中で成功をおさめている人は、店長時代に努力し、成功している人がほとんどです。

店長に任命されたことを誇りに思い、これをチャンスと全力で仕事に取り組んで、成功体験を積み重ねてほしいと思います。

◎どんな店長も、最初は必ず壁にぶつかる

ここで、私の知る5名の「凄腕店長」を紹介したいと思います。どなたも社内で一目置かれる名物店長ですが、読んでいただければわかるとおり、最初から「店長職をうまくこなせた」という人も「店長として自信があった」という人もいません。

今どれだけ活躍している人も、最初に店長に任命されたときには緊張し、任務にまい進する中で壁にぶつかり、これを乗り越えながら「凄腕店長」へと成長していったのです。

5人の凄腕店長のエピソードを読み、あなた自身が目指す店長像をイメージしたり、凄腕店長への一歩を踏みだすのに役立てていただければと思います。

凄腕店長の転機①

川島みなみさん
（株式会社重光　ハーブス・ルミネ横浜店　店長）

3年で、スタッフから「世界一のアルバイト先です」と言われるお店にすることができました。

ハーブスに入社し、店舗スタッフとして働いた1年後、二子玉川店の店長になりました。店長になりたての頃はとにかく仕事量の多さに圧倒され、店長としての事務的な仕事をこなすだけでも大変で、毎日ボロボロの状態でした。

ようやく店長としての仕事に慣れてくると、今度は働くスタッフたちの人間関係で悩むようになりました。自分より年上のスタッフも多く、どう接していいのか、スタッフから店長に変わったことで接し方をどう変えていけばいいのか、とても悩みました。

月に1度は全スタッフと面談をする時間を設けました。目の前にいるスタッフが今どう思っているのか、どう感じているのかを気にかけながら、一人ひとりと話をすることで少しずつ理解していこうと思ったのです。スタッフから仕事のことで相談されたりすると、「頼ってくれている」「一緒に解決策を考えられる」と感じて、嬉しく思いました。

スタッフが間違えたことをしているときは、本人が納得しないと結局は直らないと思うので、なぜそうなってしまっているのかを考えます。そして、なぜそれがダメなのかを、納得してもらえるまで言い方を変えたりして何度も話すようにしていました。

そうしたコミュニケーションを重ねていくうちに、スタッフたちが、「このお店で働くのが楽しい」と言ってくれるようになりました。常連のお客様もたくさん増え、学生のスタッフたちが常連様を覚えて自然と挨拶ができるようなお店に変わったのです。

横浜店へ異動する際、スタッフたちから「世界一のアルバイト先です」「二子玉川店は私たちが支えるので安心して横浜店へ行ってください」等、思い出すだけで涙が出るほど嬉しいメッセージをもらいました。試行錯誤の3年間でしたが、「お客様とスタッフ、どちらも幸せにできるお店にする」という目標は達成できたのではないかと思います。

【鳥越の凄腕チェックポイント】川島さんはミーティングや月次報告書の作成など、やるべきことを愚直に行う人です。本人は当たり前だと思ってやっていますが、それができない店長が多いです。きめ細やかな気遣いによってスタッフとの信頼関係が育まれているのだと感じます。

凄腕店長の転機②

常に「お客様のために」という軸で考えるようになってから、すべてが変わりました。

戸川薫さん
（株式会社ボディワーク　営業部　係長）

1年のセラピスト経験を経て、エリアマネージャーとして5年間、「ラフィネ」の8店舗のお店のマネジメントを行ってきました。弊社では店長はプレイヤーをまとめる役割がメインで、マネジメントはエリアマネージャーが担っています。セラピストのときの実績が評価され、店長を経験することなく、いきなりエリアマネージャーになったので、当初の不安はとても大きなものでした。店舗運営の基礎から学んで、マネジメントの実践に入りました。

担当する店舗の中に、業績がかなり悪いお店がありました。業績回復のために、そのお店の店長と何度も面談をしていたのですが、会社からの要望や私が気づいたことを話してもなかなか納得してもらえず、意見が衝突することもあり、「どうしてわかってくれないのだろう……」と、泣きながら帰ることが何度もありました。あるとき思わず、「私はただただ、お客様にお店に来てもらいたくて、喜んでもらいたくて言ったのですが、伝わりませんか？」と、その店長に尋ねました。すると店長は、

「伝わっています」

と、答えてくれたのです。私も店長も、「お客様のために」という同じ軸を持っている、その事実がハッキリした瞬間でした。このやりとりがきっかけで、その店長とは打ち解けることができ、面談もスムーズに行えるようになり、業績も上向いていきました。

今では店長やセラピストたちに話をする際には、「こうすればお客様が喜ぶんじゃないですか？」と、「お客様のために」という視点を必ず加えて話すようにしています。自分のためでも、セラピストのためでもなく、常に「お客様のために」ということを軸に考える、それがいかに大切なことなのかを身をもって知り、自分を変える転機になりました。

【鳥越の凄腕チェックポイント】戸川さんには、教えたことをすぐに実践する素直さがあります。聞く耳を持つことは凄腕になるためには非常に重要な要素です。課題から逃げずに立ち向かう根性がある点も、実績に厳しい会社で躍進を可能にしていると思います。

凄腕店長の転機③

須々木由貴《すすきゆたか》さん
（株式会社SYNERGY JAPAN ぷらす整骨院守口本院 院長・鍼灸師）

自分の考えを押しつけると、人は離れていく。

私が院長を務める「ぷらす整骨院」の守口本院は、昨年までスタッフの離職率が自社の8店舗の中で最も高くなっていました。自分のやり方が正しいと思い込み、「もっとこうしよう」「ああしてほしい」と、とにかくトップダウンで指示を出していたのです。スタッフの意見に耳を傾けず、きちんとコミュニケーションもとらずに、私の考えややり方についてこれないスタッフが辞めてしまうのはしかたがない、私のやり方に反抗するようなスタッフはこの業界ではやっていけない、そんなふうにさえ思っていました。

ところが昨年、期待をかけて育てていたスタッフが辞めてしまった。このときは相当ショックを受けました。患者様にも申し訳ないことをしているし、そのスタッフの人生にも申し訳ないことをしている。自分もまた1からスタッフを育てないといけない……。そう思ったとき、「これでは誰も得していない」と自分のやり方に疑問を抱いたのです。

転機は、当院の代表である高階《たかしな》と話をしているときに訪れました。私は25歳のときに入社したのですが、岡山から大阪に出てきたばかりの私を支えてくれたのが、高階だったのです。当時は大阪に友人もほとんどおらず、1人でいることも多かった私に高階が声をかけてくれて、食事や外出に頻繁に連れ出してくれました。

そんな高階の気遣いがとても嬉しく、あたたかさを感じて心から感謝していたのですが、自分も高階と同じように、スタッフが喜んでくれること、嬉しいと思ってくれることをしてあげればいいのではないかと思ったのです。

そのときからスイッチが入り、私は考えを改めました。研修などで「身近な人から大事にしましょう」とよく言われていたのですが、「自分はそうではなかった、だからスタッフたちが離れていったんだ」と痛感したのです。自分のやり方を押しつけず、感謝の気持ちを持ってスタッフに接するようになってから、離職者はゼロになりました。

【鳥越の凄腕チェックポイント】数多くの店長に会ってきましたが、彼は久々に見た熱血店長です。勉強量、それを実践する量が他のスタッフとは圧倒的に違います。決して手を抜かない一生懸命な仕事ぶりは、熱さとともに患者様にも伝わっているはずです。

凄腕店長の転機④

福井真希子さん
（株式会社ミサワ unico事業部 ショップセクション チーフSV）

コミュニケーションが、人も店舗も成長させる。

unicoのお店が本当に大好きで、店舗スタッフの募集を知った翌日には履歴書を提出しに行きました。副店長、店長、SVを経て、今はSVを統括するチーフSVとして働いています。どの立場になっても強く感じることは、コミュニケーションの大切さです。

店長をしていたとき、店舗の営業が終わった夜8時から1時間ほど、「本音ミーティング」という、スタッフ全員で話しあう場を設けることがありました。このミーティングではスタッフの上下に関係なく、思ったこと、感じたこと、気づいたことを「本音でストレートに」伝えあうことにしていました。よりよい接客、よりよいお店づくりのためです。

スタッフが何を考えているのか、店長としてはわかりたい気持ちが強くありました。喜んでいることはともに喜び、落ち込んでいるのであれば声をかけて励ましたい。そうしたやりとりは、自分自身のエネルギーにもなると感じていました。だからこそ、本音で話しあえる場をつくり、フィードバックできる環境を整えようと思ったのです。

スタッフも、「店長が自分の話を聞いてくれる」と感じられることで、「こうすればいいのでは？」と思ったことを提案しやすくなります。立場が下のスタッフは、自分の意見や気づいたことをなかなか言いにくいものです。そのため、新たに入社したスタッフにもその環境に慣れ、早い段階で発言力を高めてほしかったのです。

勇気を出して言ってもらった提案が、とてもいい内容だったことが何度もあります。本音をさらけ出して話しあうので、涙を流しながら、ということもありました。

こうしたコミュニケーションを日々行ったことで、スタッフたちが自分で考え、提案し、実行するサイクルが回り始め、一人ひとりが自立していってくれました。そのときどきに実行すべき戦略も確実に伝わり、全店舗中3位という売上結果にもつながったと思います。現在、「本音でストレートに」という言葉は弊社の行動規範の1つにされています。

【鳥越の凄腕チェックポイント】分け隔てなく誰とでも接することができ、「勉強になります」と、なんでも素直に受け入れる包容力があります。数字の実績以上に会社やブランドを愛する姿勢、社長を心から尊敬しているロイヤリティの高さが彼女の飛躍を後押ししています。

凄腕店長の転機⑤

山崎明希子さん
（井筒まい泉株式会社　食品事業本部　とんかつまい泉・エキュート上野　店長）

「自分たちが商品だ」という意識を共有する。

日本橋三越、池袋の東武デパートと、店長として10年以上働いていますが、スタッフの育成やチームワークを整えるといったことは、時間がかかるものだと感じています。

どんなに忙しくても、いつも親切、丁寧に、そしてお客様と会話のできるスタッフになってほしいと思い、自分なりの愛情を込めた指導を心がけています。叱らなければいけないときは、「嫌われてもいい」という覚悟を持って、その先のスタッフの成長した姿、店長になっている姿を想像して、厳しくてもハッキリ伝えるようにしています。

自分だけではなく、スタッフ全員が同じレベルの接客ができるように、チェック表をつくりました。「ガラスは汚くないか」「商品は全部そろっているか」「笑顔が自然にできているか」といった接客に重要な項目をピックアップし、手のあいたスタッフに売り場の前に立ってチェックしてもらうのです。このチェックを1日に何度も繰り返すことで、スタッフ全員がお客様目線を持てるようになっていきました。

全スタッフが気配り、目配りができるようになり、常にお客様を快く迎えられるように徹底してきたことで、年に3回、一般ユーザーの方が覆面で評価をしている顧客満足度調査において、ありがたいことに私が店長の店舗はずっと満点の評価をいただいています。

それまで無表情だったお客様が、品物を渡した帰りぎわにパッと笑顔になられると、「明日も頑張ろう」と力になるので、お客様を1人でも笑顔にしたいという思いがあります。「自分たちが商品だ」という意識で接客をし、「この人に会いたい」とお客様に思っていただくことで信頼関係を築いていく。それが売上にも確実につながっているのではないでしょうか。

「店長を辞めたい」と思ったことも何度もありましたが、一緒に働いているスタッフ、上司、そしてお客様に助けられてきました。そういった人たちに対して、大きな愛情と感謝を込めて、当たり前のこと、小さなことをこれからも1つずつやっていきたいです。

【鳥越の凄腕チェックポイント】 山崎さんのお店のスタッフは企業理念、年度方針、事業部門方針、店舗方針を全員が答えられます。これはすごいことです。最も大切なことから教えるため、スタッフたちに軸ができ、そこからブレずに行動できています。この徹底力が連続した売上アップを支えています。

【著者略歴】

鳥越 恒一（とりごえ・こういち）

1973年生まれ。金融業、飲食業を経て2003年、㈱ディー・アイ・コンサルタンツ入社後、人財開発研究部の担当役員として部門を統括。2012年にＤＩＣ幹部育成コンサルティング㈱を設立し、社長に就任。上場企業から個人店まで、飲食・小売・サービス業の人財育成を通したコンサルティングに従事。年間4,000人の店長から相談を受け、これまでに延べ5万人の店長の悩みや現場の課題に対して徹底的に取り組んできた。

著書に『実力店長に3ヵ月でなれる100stepプログラム』（同友館）など。

http://kanbu.di-c.jp

店長が必ずぶつかる「50の問題」を解決する本

2016年1月5日　第1版第1刷発行
2021年8月12日　第1版第8刷発行

著　　者　鳥越恒一
発 行 者　後藤淳一
発 行 所　株式会社ＰＨＰ研究所
東京本部　〒135-8137 江東区豊洲5-6-52
第二制作部　☎03-3520-9619（編集）
普及部　☎03-3520-9630（販売）
京都本部　〒601-8411 京都市南区西九条北ノ内町11
PHP INTERFACE　https://www.php.co.jp/
組　　版　有限会社データ・クリップ
印 刷 所　図書印刷株式会社
製 本 所　株式会社大進堂

ISBN978-4-569-82738-4

PHPの本

ある日突然40億円の借金を背負う
――それでも人生はなんとかなる。

湯澤 剛 著

突然の父の死。息子の私に遺されたのは40億円の負債だった。「完済に80年かかる」と言われた日から、負債がなくなるまでの奮闘記。

定価 本体一、五〇〇円（税別）